어차피
내 인생,
망해도
멋있게

지옥에 첫발을 내딛는
너에게 꼭 들려주고 싶은
150가지 진심

이현석 지음

어차피 내 인생, 망해도 멋있게

21세기북스

✦ 프롤로그 ✦

나는 화초보다
빛나는 잡초

열여섯 살, 내가 1인분 몫을 하기 시작한 건 중학생 때부터였다.

식당, 패스트푸드, 사우나, 공장, 피팅 모델, 옷 가게 등 안 해본 알바가 없었다. 어떤 때는 하루에 세 개의 알바를 뛴 적도 있었다. 공부하면서도 흘려본 적 없는 코피를 일하다 흘릴 정도였다. 가난한 집안 형편에 어려서부터 경제적 독립을 이뤄 집에 도움이 되어야 했고, 통신비, 보험비, 심지어 수학 여행비도 내 손으로 벌어서 내야 했다. 어느 정도였냐면, 군대 전역한 다음 날 바로 알바를 나가야 할 만큼.

아픈 부모님을 둔 가난한 집안의 삼남매 중 둘째라는 드라마에 나올 법한 뻔한 스토리. 그것이 1993년생 이현석,

나의 배경이다.

나를 처음 보는 사람들은 고운 손, 반듯하게 가꾼 외모만으로 내가 외동아들로 태어나 한껏 예쁨받으며 온실 속 화초처럼 자랐을 것 같다고 말한다. 그럼 나는 이렇게 대답한다. "예쁜 잡초라고!" 뜯어도 뜯어도 곧게 다시 자라나는 독한 잡초.

하소연을 하겠다는 이야기가 아니다. 얼마큼 열심히 살아왔는지 자랑하려는 것도 아니다. 적어도 나라는 사람이 이 책을 읽는 여러분에게 몇 마디 조언은 던질 수 있는 경험과 자격을 갖추고 있다고 조심스럽게 전하고 싶을 뿐이다. 이 책이 어른으로 이제 막 한 걸음을 내딛는, 혹은 사회 초년생이라는 자리에서 흔들리며 고민하는 누군가의 손을 잡아주는 글이라면 정말 기쁠 것 같다.

마냥 대가리 꽃밭 같지만 실은 예쁜 꽃들 사이에서 아름답게 어울려 자라는 잡초의 이야기.

어디에서든 1인분을 하고 있는, 아니 1인분이 되기 위해 노력하는 모두에게 '우리는 이미 멋진 어른'이라고 말해주고 싶다.

✦ 목차 ✦

프롤로그 나는 화초보다 빛나는 잡초 004

PART1
1인분 몫을 해내는 어른이 된다는 것

어설픈 조언을 반길 사람은 없다 013 • 내 인생의 가치관 015 • 세상에 나갈 준비를 하는 찰떠기들에게 016 • 이제 막 스무 살이 되었는데, 뭘 할까요? 018 • 뭘 해서 먹고살지 모르겠어요 019 • 20대를 가장 완벽하게 보내는 법 021 • 사회인으로서 잘 산다는 것 022 • 일 잘하는 사람이 되는 법 023 • 내가 악착같아진 이유 024 • 열등감을 가져야 하는 순간 026 • 의지 박약? 아니, 간절함 박약 028 • 일을 자주 미루는 사람에게 029 • 자꾸만 게을러질 때 030 • 쓸데없이 고민만 많아진다면 031 • 성공한 사람들의 세 가지 습관 033 • SNS를 보고 초라해질 때 034 • 자신감이 없어서 걱정인 사람 035 • 20대와 30대의 기로에서 037 • '만약에'라는 긍정 038 • 힘들 때 전하는 따뜻한 말 한마디 039 • 노력과 성공의 의미 041 • 취업의 기술-이력서 042 • 취업의 기술-면접 043 • 취준 기간에 자존감 지키는 법 044 • 회사 생활의 기술-기본기 046 • 일잘러로 갖춰야 할 것 048 • 회사 생활의 기술-거절 **049** • 회사 생활의 기술-맞춤법 **050** • 직장 생활 꿀팁1-눈 칫밥 **051** • 직장 생활 꿀팁2-낼름낼름 **052** • 두려움 없는 삶을 사는 법 **053** • 회사 생활의 우선 순위 **054** • 어떻게 버느냐보다 어떻게 쓰느냐 **055** • 20대 때는 적금 금지! **056** • 버티는 힘이 필요할 때 **057** • 회사, 그만둘까 말까? **058** • 자영업자가 된다는 것 **060** • 이대로 인생이 끝날 것처럼 불안할 때 **062** • 방황과 슬럼프가 세트로 찾아올 때 **064** • 후회 없는 인생을 사는 법 **066** • 내 직업을 한마디로 소개하자면 **067**

PART2
세상에 완벽한 관계는 없다

곁에 두면 행복해지는 사람① **071** • 곁에 두면 행복해지는 사람② **072** • 나와 똑같은 사람 vs. 나와 정반대인 사람 **073** • 나이가 들면서 중요해진 것 **074** • 약속 시간을 지켜야 하는 이유 **075** • 손절 버튼을 누르고 싶을 때 **076** • 예쁜 말로 뼈 때리는 법 **077** • 어렸을 때 친구와 멀어지는 기분이 든다면 **078** • 좋은 친구를 남기는 유일한 방법 **079** • 평생 친구 **080** • 입이 가벼운 친구와 손절해야 할까? **081** • 나보다 잘나가는 사람이 부러울 때 **082** • 거절의 기술 **084** • 관계를 오래 이어가는 비결 **085** • 관계에서의 에너지 텐션 **086** • 내향인 친구와 외향인 친구 **087** • 영원한 건 없다 **088** • 남의 시선이 신경 쓰일 때 **090** • 예뻐지고 싶은 사람에게① **092** • 예뻐지고 싶은 사람에게② **094** • 예뻐지고 싶은 사람에게③ **095** • 시선을 받는 직업을 갖는다는 것 **096** • 깊은 대화를 나누는 세 가지 방법 **098** • 티 나지 않게 자랑하기 **099** • 기분 좋은 대화의 기본 **100** • 온라인 소통의 기본 **102** • 어색한 사람과 대화하는 세 가지 방법 **104** • 평범해도 분위기 있는 사람 **106** • 나쁜 소식을 전해야 할 때 **108** • 나에게 실망한 사람의 마음을 돌리고 싶을 때 109 • 이유 없이 나를 싫어하는 사람 111 • 나를 미워하는 사람을 만들지 않는 법 112 • 부정적인 사람에게서 벗어나기 113 • 부정적인 상황에서 나를 지키는 법 114 • 대화를 시작할 때 저지르기 쉬운 실수 116 • 인스타그램 아이디가 뭐예요? 117 • 대화 중에 침묵이 길어질 때 119 • 대화를 끝내고 싶을 때 121 • 중요한 자리에서 떨지 않고 말하는 법 122 • 사람들에게 사랑받는 방법 124 • 인간관계와 술 125 • 싫은 사람을 대하는 기술 126 • 쓰레기는 재활용이 안 된다 128 • 친구에게 잘해준다는 것 129 • 관계에서 기브앤테이크가 생길 날 때 130 • 모든 사람에게 좋은 사람일 수는 없다 131 • 억지로 무뎌지려고 하지는 말자 133 • 싸움에서 꼭 지켜야 하는 한 가지 135 • 오래가는 인간관계에서 가장 중요한 것 136 • 공감 능력이 높아서 피곤할 때 137 • 말하지 않고 표현할 수 있는 관계 138 • 친구의 잘난 척 퇴치법 140 • 곁에 꼭 남겨둬야 하는 사람 141 • 상대방의 인성을 알아보는 방법 142 • 나를 힘들게 하는 사람에 대한 미움 144 • 감정 기복이 심한 사람 146 • 선 넘는 사람들을 대하는 법 148 • 가족에게도 지켜야 할 선이 있다① 150 • 가족에게도 지켜야 할 선이 있다② 151 • 단점에 대해 조언해주는 방법 153

PART3

사랑은 너무 어려워

건강한 마인드로 사랑한다는 것 157 • 딱 세 번은 만나고 나서 시작하기 159 • 짝사랑하는 사람과 그린라이트 같을 때 161 • 호감을 확인하는 5단계 163 • 고백이 어려운 사람에게 164 • 좋아하는 사람에게 다가가는 법 165 • 오래된 남사친 고백할까? vs. 말까? 166 • 고백한 남사친이랑 친구 가능 vs. 불가능 167 • 가장 좋은 고백의 타이밍 168 • 내가 좋아하는 사람 vs. 나를 좋아해주는 사람 169 • 같이 있어도 외로

움을 느끼는 순간 171 • 끌려다니는 연애를 하지 않는 법 172 • 티 안 나게 상대방을 바꾸는 법① 173 • 티 안 나게 상대방을 바꾸는 법② 174 • 돈이 없어도 연애할 수 있을까? 175 • 서로에게 스며드는 연애 177 • 연애할 때 친구들과 멀어지는 친구 179 • 마음을 말로 확인받고 싶을 때 180 • 연인 사이에 '만약에' 금지 182 • 연인이 돈을 빌려달라고 한다면? 183 • 연애보다 일이 우선인 사람 184 • 이별에 필요한 시간 186 • X의 인스타그램을 염탐해도 될까? 187 • X에게 미련이 남았을 때① 189 • X에게 미련이 남았을 때② 190

PART4

인생의 방향키는 내가 쥐고 있다

부럽지가 않어 195 • 인생의 정답은 '나'에서 197 • 자기애 좀 넘치면 어때서 198 • 나에게 집중하는 시간의 중요성 199 • 결정 장애 201 • 무언가를 선택한다는 것 202 • 나를 사랑하는 사소한 방법 204 • 자기 객관화가 된다는 것 205 • 일상이 행복하다는 증거 207 • 행복의 기준 208 • 행복을 위해 필요한 최소한의 것 210 • 나쁜 일이 생겼을 때 211 • Love Yourself 212 • 매일 웃는 삶을 만드는 손쉬운 방법 214 • 내가 웃기로 한 사소한 이유 215 • 사람들이 의외로 모르는 행복의 진리 217 • 스트레스를 줄이는 의외의 방법 218 • 옳은 일에 대한 새로운 생각 219 • 일상을 환기시키는 나만의 방법 220 • 부정적 감정이 삶을 뒤흔들 때 222 • 인생이 허무해질 때 224 • 묘비명 225 • 내 동생 같은 찰떠기들에게 226 • 이 책은 한마디로 228

PART1

1인분 몫을 해내는 어른이 된다는 것

어설픈 조언을 반길
사람은 없다

　세상에 기분 좋은 충고라는 게 있을까? 어설픈 조언보다는 기프티콘 하나가 더 나을 때도 있다. 짧은 인생, 열심히 살아보니 요청하지도 않은 조언을 도움이랍시고 늘어놓는 사람 중에 진짜 좋은 사람은 없는 것 같기도 하다.

　우리 모두의 시간은 한정적이니까, 다른 사람에게 값싼 조언을 들을 시간이 아깝게 느껴진다면 그 시간에 차라리 알바를 가거나 공부를 하자. 어느 누구든 내가 먼저 구하지 않은 조언을 반길 사람은 없다.

　친구가 정말 힘든 상황에 놓여 있을 때는 조언보다는

위로가 필요하다. 무슨 말을 해줘야 할지 고민이 된다면, 그저 기프티콘을 하나 보내면서 '파이팅'을 외쳐주는 게 낫다.

친구가 어떤 결정을 앞두고 있을 때 도움이 필요하다면 먼저 나에게 손을 내밀 것이다. 조언은 그럴 때만 해야 한다. 어느 누구든 사서 잔소리를 듣고 싶어하는 사람은 없을 테니까.

이런 책을 쓰면서 조언이 필요없다는 말을 하는 게 아이러니하다고 생각할지 모르겠다.

하지만 내가 여기에 쓰는 이야기들은 조언이 아니다. 단지 내가 경험하고 느낀 바를 솔직하게 담아낸 것뿐이다. 그러니 이 글을 읽으면서 대단한 교훈을 얻으려고 하지 않았으면 좋겠다. 그저 아는 동네 형이나 오빠와 기분 좋은 수다를 떤다는 기분으로 읽는다면 기쁠 것 같다.

내 인생의 가치관

"다른 사람을 부러워하지 말자!"

나의 자존감을 지키는 최강의 주문.

세상에 나갈 준비를 하는
찰떠기들에게

요즘 20대같이 편한 세대가 어디 있냐.
부모님한테 용돈 받고,
해외여행도 마음껏 다니고,
하고 싶은 문화 생활도 실컷 하는데.

이런 말을 쉽게 내뱉는 사람은
곁에 두지 말아야 해.

어느 세대보다 숨 막히게 경쟁하고,
어느 시대보다 뛰어난 능력이 필요한 게

요즘의 진짜 20대의 삶이니까.

그러니까 작은 실패를 맛보더라도 기죽지 말자.
너무 지쳐서 나가떨어지기 전에
모든 게 다 잘될 거야.

이제 막 스무 살이
되었는데, 뭘 할까요?

새해에 소통 방송을 켜면 가장 많이 듣는 질문,

"올해 스무살이 되었는데 뭘 해야 할지 모르겠어요."

나는 이 질문에 항상 '아.르.바.이.트'라고 대답해준다. 당당하게 민증을 내밀고 술집에서 술을 진탕 먹어보는 것도 좋지만 **알바를 하면서 좋은 사람, 나쁜 사람, 더러운 사람, 이상한 사람 다 만나 보면 앞으로 내가 어떤 사람과 어울려 살아야 할지 알게 되거든.** 그게 본격적인 인생의 출발점에서 첫 번째로 경험해야 할 일이야.

무엇보다 알바를 하면 놀 수 있는 돈을 주잖아?

뭘 해서 먹고살지
모르겠어요

지금 당장 알바몬이라도 켜고 말하자.

가끔 대학이나 직장을 어떻게 선택해야 하냐고 묻는 친구들이 많아. 미안하지만, 나한테도 답은 없어. 왜냐하면 **그 답은 내가 아니라 네가 가지고 있거든.**

진로 결정에서는 뭐가 가장 중요하다고 생각해? 내가 무엇을 좋아하고, 싫어하고, 잘하고, 못하는지 아는 거야. 아주 사소한 것도 괜찮아. 롯데리아에서 알바하면서 음식 만드는 일을 재밌다고 생각할 수도 있고, 놀이공원에서 크루로 일하면서 레크리에이션에 관심이 생길 수도 있지. 나 역시 꾸미는 걸 좋아하다 보니 자연스럽게 지금의 직업을 갖게 되었어.

그러니까, 일단 밖으로 나가. 뭐라도 경험해. 그럼 하고 싶은 일이 점점 눈에 보일 거야.

20대를 가장 완벽하게
보내는 법

20대를 돌아가고 싶지 않은 때로 만들어봐.

이렇게 말할 수 있는 사람은 누가 보더라도 의심의 여지 없이 20대를 치열하게 보낸 사람이거든.

누구나 할 수 있는 경험과 누구도 할 수 없는 경험을 동시에 두루 갖추려고 노력하다 보면 앞으로 다가올 30대, 40대의 삶이 더욱 아름다워진다는 것만은 확실하게 말해줄 수 있어.

사회인으로서
잘 산다는 것

1인분이라도 제대로 하자!

우리가 사는 세상은 너무 복잡하잖아. 다양한 가치관을 가진 수많은 사람이 자기 주장만 하며 다툴 만큼 쉽게 이해하기 어려우니까. 이 모든 상황과 생각을 완벽하게 파악할 수 있는 사람이 몇이나 있을까?

난 별로 똑똑하지도 않고, 머리 아픈 것도 싫어해. 그저 누군가에게 민폐 끼치지 않으면서 1인분의 몫을 제대로 해내는 것만으로도 이 사회에 도움이 된다고 생각하지.

쓸데없이 남한테 관심 갖기보다는 욕 안 먹을 만큼 자기 일을 먼저 열심히 한다면 좋은 사회인 아닐까?

일 잘하는 사람이
되는 법

더도 말고 덜도 말고 딱 받은 만큼만 하겠다는 마음을 갖는 것. 회사에서는 당연히 그 이상 해내길 바란다고 생각하겠지만, 착각이야. 사회 초년생이라면 회사에서는 받는 만큼 결과를 내는 것만으로도 충분해.

그래도 눈치 빠르고 일머리 좋다는 말을 듣고 싶으면, 다른 사람이 하기 싫어하는 일을 나서서 해. 비어 있는 A4용지 통이나 탕비실 커피 채우기처럼 사소한 것부터 빠릿하게 하면 신입은 다 예뻐 보이거든. 그러니까, '월급 루팡은 되지 말자. 그치만 열심히 노력해도 잘 안 된다면 월급 좀도둑 정도만 되자.'

내가 악착같아진
이유

가난한 집의 형 하나, 여동생 하나,
그 사이에 끼인 둘째.

돌이켜보면 서러울 일도,
속상할 일도 많았을 텐데,
늘 뭐가 그렇게 다 괜찮았을까.

근데,
집안 환경? 샌드위치 둘째?
살아보니 다 핑계더라.

나를 가장 최우선으로 생각하고
주어진 대로 최선을 다해 살면
누굴 미워할 일도,
원망할 일도 없더라고.

그것이 내가 삶에 악착같아진
단순한 이유야.

열등감을 가져야 하는 순간

열등감은 노력하지 않은 과거의 나에 대한 미움이야.

어렸을 땐 나도 열등감이 심했어. 왜 나는 저 친구처럼 부유하지 못할까, 알바 안 하고 공부만 하면 저 친구보다 성적이 더 잘 나올 텐데. 늘 이런 부정적인 생각에 곧잘 휩쓸렸어.

그런데 커서 보니까 재벌 2세가 아닌 이상 인생에서 타고난 건 생각보다 영향을 미치지 못하더라. 집이 부유한 친구는 나중에 부모님만 믿고 시간을 흘려 보내다가 밥벌이조차 제대로 못하기도 하고, 나보다 공부를 잘했던 친구는 좋은 대학에 들어가 대기업에 입사하는 예상

가능한 코스만 밟기도 하고 말이야.

어떤 삶이 더 나은지는 비교할 수 없어. 물론 돈 많은 부모님, 대기업 입사 같은 인생이 좋아 보일 수도 있지. 하지만 적어도 지금의 나는 아니야. 열등감에 사로잡혀 시간을 낭비하느니 나의 매일에 집중하는 게 더 귀하다고 생각해.

게다가 살아보니 성공이란 의외로 정직해서 나보다 잘난 삶을 사는 사람은 보이지 않는 곳에서 부지런히 노력을 했더라고. 그리고 그 시간은 언제나 좋은 결과를 가져오게 되어 있어. 다만 사람마다 받는 선물의 크기와 속도가 다를 뿐이지.

우리는 내가 부러워하는 사람이 노력한 크기를 다 짐작할 수는 없어. 숨겨진 노력을 보지 않고 겉으로 드러난 결과만 보고 느끼는 열등감만큼 어리석은 감정이 또 있을까?

하지만 최선을 다해서 노력했는데도 안 된다면, 그땐 나에게 좌절보다 관용을 베풀어주자. 관대한 마음은 다른 누구보다 나에게 적용했을 때 효과가 더 크거든.

의지 박약? 아니, 간절함 박약

간절함이 차오르면 의지가 없어도 뭐든 저절로 한다.

MBTI에서 J형을 계획형이라고 하잖아. 그런데 계획형보다 더 무서운 유형이 있어. 바로 D형(Desperate)이야.

계획을 철저히 짜놓고 실행하지 못하면 좌절하는 계획형보다, 간절함이 턱 끝까지 차올라서 몸이 저절로 움직이는 사람들이 정말 어마무시하거든.

의지 박약이라 못한다고? 그냥 아직 간절하지 않다는 뜻으로 이해할게:)

일을 자주 미루는
사람에게

혹시 압박을 즐기는 스타일이야?

난 미루기를 강박적으로 싫어해. 특히 일에 관한 것이라면 더욱. 누군가 쫓아오는 것 같은 느낌이 싫거든.

그래서 절대 하지 않는 습관 하나, 알람을 쪼개서 맞추지 않기. 그럼 일어나서 준비해야 할 시간이 됐을 때 억지로 일어나는 기분이 들잖아? 일에서도 마찬가지야. 마감시간을 지키면 상대방에게 받는 대우가 달라져. 내가 받는 액수가 달라질 때도 있더라.

그러니까 명심해. 지금 자는 1분 때문에 10년 후 내가 사는 집이 달라질 수도 있다는 걸.

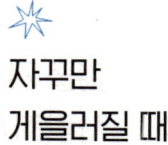
자꾸만
게을러질 때

다른 사람에게 욕 먹을 바에는

내가 나에게 먼저 욕을 하자.

쓸데없이 고민만
많아진다면

해보지도 않고 도망치는 게 낫다는 말은 한 귀로 듣고 한 귀로 흘리기.

나는 대한민국 대표 '생각 없는 애'야. 이런 말을 들으면 기분이 나빠야 정상이겠지만, 웬걸? 나는 오히려 기분이 너무너무 좋더라고.

생각 없이 살다 보니 다른 사람들은 내가 뭘 하든 '원래 저런 애'라며 이상하게 보지 않더라. 남에게 피해만 끼치지 않는다면 머릿속이 꽃밭인 삶도 충분히 멋있고 어른스러울 수 있어.

어떤 일이 생겼을 때 할까 말까 고민하기보다는 되든

안 되든 부딪혀보자. 실패하면 어때? 부딪히고 하는 후회는 고민만 하다 도망치는 것보다 훨씬 값진 일이야.

복잡한 세상 편하게 살자!

성공한 사람들의
세 가지 습관

유명한 사람들이 가지고 있는 의외로 대단하지 않은 세 가지 습관.

1. 기본기부터 철저하게 다지기
2. 나와의 약속을 잘 지키기
3. 하기 싫어도 해야 하는 일이면 최선을 다 하기

인생이라는 장기전에서 매일이라는 단거리를 성실하게 연습하다 보면 성공에 더 가까이 다가갈 수 있다.

SNS를 보고
초라해질 때

인스타그램은 단지 인생의 레퍼런스일 뿐.

인스타그램 속 사람들의 인생은 완벽해 보이지? 근데 모두들 돈이 많아서 행복하게 사는 걸까? 아니야. 없는 시간 쪼개고 없는 돈 써가며 좋아하는 일을 애써 찾는 거야. 여행하고, 운동하고, 춤도 추고, 맛있는 음식도 직접 해 먹으면서.

그러니까 부럽다는 생각 대신 '나도 저렇게 열심히 한번 살아볼까?' 하고 다시 주위를 둘러봐. SNS가 내 인생에 좋은 참고 자료가 될지 어떻게 알아?

자신감이 없어서
걱정인 사람

근자감은 근거 있는 자신감이야.

아무 이유 없이 나는 어려서부터 왠지 잘될 것 같다는 이상한 자신감이 있었어. 이런 말을 할 때면 주변 사람들이 '근자감(근거 없는 자신감)'이라고 놀려대도 어쨌든 자신감은 있어 보인다는 말로 들려서 마냥 기분이 좋았어. 삶을 스스로 예쁘게 완성해갈 자신이 있다는데, 그게 뭐가 나빠?

그렇다고 해서 놀림거리만 되고 싶진 않았어. 그래서 무슨 일이든 처음 시작할 때는 적어도 방향을 제대로 설정하고 성공이든 실패든 인생에 도움될 만한 결과를 만들어내려고 노력했지.

그렇게 차곡차곡 쌓인 데이터로 나는 오늘도 '근거 있는 자신감'을 뽐내는 중이야.

20대와 30대의
기로에서

숫자에 의미 부여하지 말자. 앞자리가 바뀐다고 해서 순식간에 늙는 것도 아니고, 세상이 무너지는 것도 아니더라. 아무것도 이루지 못한 채 나이만 먹는다고 자책할 일은 더더욱 아니고.

말 그대로 숫자 1 플러스되는 것뿐이거든. 하지만 좀 더 재미있는 30대를 보내고 싶다면, 20대에 미친 척하고 마음대로 살아보자. 그러면 당장 눈에 번쩍 뜨이는 일은 안 일어나도 서른한 살, 서른두 살, 해가 바뀔수록 더 신나고 재밌게 사는 법을 알게 된다? 그러다 보면 언젠가는 숫자 따위에 일희일비하지 않는 날이 올 거야.

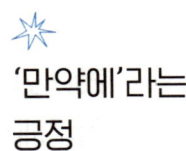
'만약에'라는 긍정

현실이 바닥을 쳤다는 생각이 들 때,
비참한 기분을 떨쳐내는 사소한 팁 하나.
비현실적이지만 이루고 싶은 꿈 상상하기.

'톱스타가 되어 패션 행사장에 가면 어떨까?'
'유튜브로 성공해서 팬미팅을 하면 어떨까?'
'떼 돈을 벌어서 부모님께 집을 사드리면 어떨까?'

'만약에'는 아무 비용 없이 내가 나에게 줄 수 있는 가장 좋은 선물이야.

힘들 때 전하는
따뜻한 말 한마디

정신 차려!

MBTI F인 사람이 들으면 상처받을지도 모르겠지만, "힘내", "파이팅"처럼 하나마나 하고 무의미한 말이 또 있을까? 아, 참고로 나도 F야.

저런 말들이 적어도 나에게는 흔들리는 삶을 꽉 잡아준 말들은 아니었어. 돈이 없어서 당장 이번 달 월세를 못 내는 사람에게는 밥이라도 사주면서 위로든 조언이든 해줘야 들을 기운이 나지.

다 그렇지는 않겠지만, 타인이 나에게 해주는 따뜻한 말은 문제 해결에는 도움이 안 되는 공허한 말일 때가 더 많아. 차라리 정신 차리라고 뺨을 때려주면서 밖으로 끌고 나가서 같이 알바라도 구해주는 친구를 만나. 그 사람이 캄캄한 터널을 벗어나게 해주는 나의 귀인이 될지도 몰라.

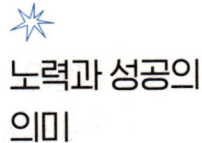
노력과 성공의
의미

대충 해놓고 열심히 노력했다는 착각은 하지 말자.

좋은 결과가 나오지 않았는데, 노력했다고 말하는 것은 아무리 발을 굴러도 절대 결승선을 통과하지 못하는 실내 사이클 같은 거야.

물론 그것도 열심히 하면 근육이 붙고, 심폐 기능도 좋아지겠지. 그렇지만 자기 만족에서 끝날 뿐 관중에게 박수를 받을 만큼 성공했다고 자부할 수는 없잖아.

모든 노력에는 결과와 인정이 따라야 해. 그렇지 않으면 열심이 허무하게 느껴지는 순간이 올 테니까.

누군가는 나의 노력을 언젠가 알아보게 되어 있어.

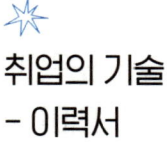
취업의 기술
- 이력서

 장점은 당연히 장점처럼, 단점도 장점처럼 쓰기. 단, 나만의 언어로 특별하게.

 (X) 저는 성실하고 끈기가 있는 사람입니다.
 (O) 저는 청국장 같은 사람입니다.

취업의 기술
- 면접

면접에서 쫄지 말자!

무례한 짓만 하지 않으면 면접관은 내 이름도, 얼굴도 기억 못해.

그러니까 어깨 펴고, 떨지 말고, 그냥 내 앞에 앉은 사람이 옆집 아저씨, 아줌마, 할머니, 할아버지인 것처럼 마음 편하게 대화하는 게 면접 성공의 기술이야.

또 하나의 팁. 알바 면접이든, 취업 면접이든 탈락해도 포기하지 말고 끊임없이 도전하기. 계속 이야기하지만 경험만큼 좋은 자산이 없거든.

취준 기간에 자존감
지키는 방법

다 때려치고 싶으면 잠깐 다 내려놔.

이력서만이 너라는 존재를 증명해주는 건 아니야. 그렇게 생각하는 순간, 자존감은 나락으로 가게 되어 있어. 내가 어느 학교를 졸업했고, 어떤 대외 활동을 했고, 무슨 외국어를 할 수 있는지는 나의 껍데기만 보여줄 뿐이야.

그러니까, 이력서를 100군데 넣었는데 면접조차 볼 기회가 주어지지 않았다고 해서 너라는 사람이 별로라고 생각하진 말자.

오기를 갖고 버텨. 멘탈 꽉 붙잡아. 다 때려치고 싶으면 3일 동안 아무것도 하지 마.

그러면 어느 순간 홀가분한 마음으로 다시 시작할 수 있을 거야.

회사 생활의 기술
- 기본기

 회사에서 많이 던질수록 좋은 것 세 가지는 느낌표, 칭찬, 기프티콘.

 신입사원이 상사를 어려워하는 것만큼 상사도 한참 어린 신입을 대하는 게 쉽지 않아. 그러니까 너무 두려워하지 않고 다음 규칙 세 가지만 기억하자.

 첫째, 칭찬하기. 칭찬을 싫어하는 사람은 아무도 없다. 뭐, 당연한 소리지? 부정적인 의견을 제시하거나 무언가를 지적할 때는 좋은 점, 칭찬할 점을 먼저 짚어주면 그다음 이야기가 훨씬 수월하게 이어질 수 있어. 상대방도 한결 편한 마음으로 의견에 귀를 기울일 수 있고.

둘째, 물음표 사용하기. "이것 좀 해주세요", "언제까지 마쳐주세요." 이렇게 말하는 것보다 "이것 좀 해줄 수 있을까요?", "언제까지 가능할까요?"라고 돌려 말하는 화법은 분위기를 누그러뜨리는 최고의 기술이야.

셋째, 기프티콘 보내기. 꼭 비싼 선물이 아니더라도 잘한 일, 축하할 일, 위로가 필요한 일은 그냥 넘어가지 말라는 말이야. 하다못해 비타500 하나라도 건네면 상대방은 그 마음을 오래 기억하고 나중에 나에게 도움을 줄 수도 있거든. 그렇지 않더라도 뭐 어때? 일단 표현하는 게 중요하지.

일잘러로
갖춰야 할 것

회사를 다니면서 실수하기 싫다? 이건 회사를 안 다니겠다는 말과 동의어지. 그치만 실수를 줄이는 방법은 있어. **스스로 물음표 살인마가 되어보기.**

'내가 왜 숫자 입력을 잘못했을까?'
→ 덤벙거리고 잘 놓쳐서.
'그럼 나는 왜 덤벙거릴까?'
→ 자꾸만 휴대폰을 보느라 신경이 분산돼서.
'그럼 어떻게 해야 할까?'
→ 업무 시간에는 30분에 한 번씩만 보자.

회사 생활의 기술
- 거절

Step 1. 회사 대표님(상사)을 팔아라.
→ 100가지 상황에 써먹을 수 있는 특효약.

Step 2. '다음 기회에'를 이용하라.
→ 솔직하게 이야기하되 다음에 나를 한 번 써먹을 수 있는 '서기찬스'를 줘라.

Step 3. 서서히 멀어져라.
→ 부탁이 당연한 사람은 배려심이 부족한 것. 스트레스받지 말고 틀어지는 대로 놔두는 게 현명하다.

회사 생활의 기술
- 맞춤법

정뚝떨 되지 않을 정도만 알아둬.

우리는 국문학자도, 작가도, 기자도 아니잖아? 친구랑 톡을 주고받을 때 편하게 대충 쓰면 어때. 맞춤법 지적하는 친구들은 좀 꼴값 떤다고 생각해.

근데 기본적인 맞춤법을 틀리면 솔직히 쪽팔리잖아. 공적인 자리라면 특히 더 조심해야지. 내 이미지뿐 아니라 내가 속한 팀, 나아가 회사의 대외적인 이미지까지 망칠 수도 있으니까.

결론은, 기본만 하자. 현재의 나를 위해서가 아니라 미래의 나를 위해서.

직장 생활 꿀팁1
- 눈칫밥

눈칫밥[명사]

다른 사람의 장점과 그 사람이 싫어하는 것을 재빠르게 알아채서 장점은 띄워주고 싫어하는 것은 하지 않는 기술. 사람 관찰의 달인만 쓸 수 있다. 재미는 있지만 맛은 없다.

직장 생활 꿀팁2
- 낼름낼름

낼름낼름[부사]

과거 싸바싸바로 불리던, 다른 사람의 입안에서 혀처럼 구는 기술. 과도하게 사용할 경우 진정성이 의심될 수 있으므로 적절한 사용 횟수를 터득하는 것이 좋다.

두려움 없는
삶을 사는 법

인생은 기세야. 실수할까 봐, 나락 갈까 봐, 슬럼프가 올까 봐 걱정할 시간에 일이든 사람이든 부딪혀봐.

숨만 쉬어도 회사가 힘들었던 막내 시절, 나를 괴롭히던 상사가 있었어. 처음에는 그만둬야겠다고 마음먹었다가 다시 생각해보니 '내가 왜?' 싶어 빡이 치더라고?

그러고 나서는 나한테 뭘 시키든 닥치는 대로 최선을 다했어. 마침내 일에서 성과가 나타나자 팀장님도 나를 더 신뢰하기 시작했고, 한참 뒤에 자의로 퇴사했지.

그때의 쾌감은 겪어보지 않은 사람은 모를 거야. 한심한 사람 손에 내 인생이 휘둘리게 내버려두지 마.

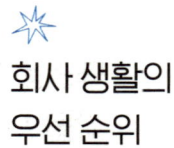
회사 생활의
우선 순위

돈 > 경험 > 인간관계.

경험을 최우선 순위로 두어도 돈을 제대로 못 벌면 금세 그만두게 되고, 인간관계에 집중하다 보면 쉽게 상처받거나 정작 해야 할 일에 소홀해질 수도 있거든.

그래서 돈이 우선이 아니더라도 처음에는 돈을 벌기 위해 일을 한다고 생각해야 해. 게다가 돈은 눈에 가장 잘 띄는 목표이기도 하니까. 그러다 보면 자연스럽게 경험도 따라오고, 좋은 사람도 만나게 될 거야.

유형의 가치를 먼저 만들어내면, 결국엔 무형의 가치도 이뤄낼 수 있어.

어떻게 버느냐보다
어떻게 쓰느냐

20대 때 흔하게 하는 착각.

돈 쓰는 게 아까워서 사람을 못 만나겠다.

30대 때 격하게 하는 후회.

주머니에 여유는 생겼지만

곁에 좋은 사람이 남아 있지 않다.

아끼는 사람에게 쓰는 돈을

아까워하지 않는 것에도

연습이 필요하다는 사실 알아두기.

20대 때는
적금 금지!

 돈을 펑펑 쓰고 다니라는 말이 아니야. 20대의 10만 원과 30대의 10만 원은 그 가치가 다르다는 말이지.

 모임에서 나만 술을 마시지 않을 때, 엔분의 1을 하면 왠지 치사한 사람이 된 것 같은 기분이 들지? 그런데 그 돈을 아까워하기보다 친구들과 함께 있는 그 시간의 소중함을 기억해. 나이가 들면 돈보다 사람이 옆에 남아 있는 게 더 중요해지거든.

 작은 돈에 연연하다 보면 나중에 옆에 있는 소중한 사람에게 사는 커피 한잔도 아까워지게 될 거야. 그런 인생을 만드는 건 너무 멋이 없잖아?

버티는 힘이
필요할 때

당장 쇼핑몰 들어가서 할부부터 질러.

우스갯소리 같겠지만, 의외로 효과가 좋다니까. 내가 다녔던 회사는 한 달에 서너 번씩 출장이 잡혔는데, 해외 출장 일정은 특히 더 피곤해서 돌아오는 길에 면세점에 꼭 들렀어. 그러면 몇 달간은 버티게 되더라고.

내가 추천하는 할부 지름템 Top3
1. 평소에 갖고 싶었던 전자기기.
2. 해외여행 항공권.
3. 크게 부담되지 않는 중저가 명품.

회사, 그만둘까 말까?

방황에도 대가가 따른다는 것을 기억해.
준비되지 않은 방황은 수영을 배우지 않고 물속으로 뛰어드는 거나 마찬가지야.

그런데도 나의 20대를 돌아봤을 때 후회하는 일이 하나 있어.
'왜 더 일찍 회사를 그만두지 않았을까?'
지금 내 앞에 놓인 미래가 방황일지, 도전일지, 새로운 시작일지는 지금 걸어가는 길에서 잠깐 멈춰봐야 답을 알아. 나도 그때는 몰랐거든.

수영을 배우지 않았지만 일단 물에 뛰어들어보고 싶어? 그렇다면 한번 뛰어들어봐. 의외로 수영이 적성에 맞아서 걸을 때보다 빠른 속도로 나아갈지도 모르잖아?

자영업자가
된다는 것

 과감하게 회사를 그만두고 드디어 내 사업을 시작할 때는 핑크빛 미래가 펼쳐질 것만 같았거든.

 그런데 모든 것이 완벽하게 내 책임이라는 사실이 가끔 버거울 때가 있어. 더 성장하고 싶어서 회사 밖으로 나왔지만, 아주 사소한 것 하나까지 혼자 결정하고, 결과가 좋든 나쁘든 스스로 감당해야 한다는 게 쉬운 일은 아니니까.

 회사 상사가 꼴 보기 싫으면 동료와 술 한잔하면서 풀고, 일을 하다 실수를 하면 상사한테 머리는 숙여도 그게 전부 내 책임이 되지는 않았잖아.

자영업은 매 순간이 선택의 기로야. 그에 따라 사업의 방향성도 수입도 달라져서 고민의 시간은 갈수록 길어지기만 해. 그런데 시간을 너무 오래 끌면 조금도 앞으로 나아가지 않더라고.

그래서 이제는 무엇이든 빠르게 선택하려고 노력하는 편이야. 나중에 후회가 남든 아니든 결국에는 하나를 선택해야 해. 49:51의 마음이라도 51을 택하면 마음도 편해지고, 결과물도 더 빠르게 확인할 수 있거든.

인생도 마찬가지야. 다른 사람에게 의지하고 많은 조언을 들어도 결국에는 모든 것이 내 선택에 따라 결정되는 혼자만의 싸움이잖아. 외롭고 지친다고 아무것도 선택하지 않으면 삶은 앞으로 나아가지 않아. 고민할 시간에 무엇이라도 하는 게 낫다는 말이야.

사업과 인생은 조금 외롭다는 것도, 늘 선택의 연속이라는 것도, 그 선택의 책임은 나에게 있다는 것도 닮았어. 그래서 몸과 마음이 아무리 힘들어도 조금씩 성장해가는 맛을 보는 지금, 이 일에 후회는 없어.

이대로 인생이
끝날 것처럼 불안할 때

불안이 심해서 생각이 복잡해질 때면 이런 말이 잘 안 들리겠지만, **"걱정 마. 인생 쉽게 안 끝난다."**

나름대로 인정받으면서 안정적으로 다니던 회사를 그만뒀을 때, 나는 내가 프리랜서로 잘나갈 줄 알았어. 근데 회사 밖이 그렇게 호락호락하지는 않더라고. 불안한 마음이 들어서 재취업을 준비했는데, 이력서를 넣은 회사마다 족족 떨어지는 거야. 거짓말 하나 안 보태고 100곳이 넘었던 것 같아.

그래도 포기하지 않고 지원하다 보니 드디어 한 곳에 합격했는데, 웬걸. 코로나가 터지는 바람에 입사 날짜가

밀렸어.

'아, 이렇게 인생이 망하는구나.'

그때는 손을 뻗어도 내 손이 보이지 않는 뿌연 안갯속에 갇힌 기분이었어.

마냥 입사를 기다릴 수는 없어서 어쩔 수 없이 사업을 시작하게 됐는데, 이게 돌이켜 생각해보면 실패의 연속 끝에 찾아온 새로운 기회였던 셈이지.

인생은 예측 불가야. 지금 스포츠카에 올라탄 사람도 언젠가 속도를 조절하지 못해 사고가 날 수도 있고, 벼랑 끝에 몰린 사람이 바닥으로 곤두박질치는 대신 자기도 몰랐던 날개를 펴고 하늘을 날게 될지도 모르지. 그러니까 인생 망했다는 말은 함부로 하지 말자. 그런 말은 내뱉는 순간, 현실이 돼버릴 수도 있거든.

너무 힘들 때는 차라리 이렇게 생각해.

"나는 원하는 회사에 취업할 수 있다."

"나는 절대 안 망한다."

"나는 누구보다 성공할 수 있다."

그러면 언젠가 그 말 위에 서 있는 자신을 보게 될 테니까.

방황과 슬럼프가 세트로
찾아올 때

아주 작은 일이라도 마음 가는 대로 해봐.

회사를 그만두고 나서 계획한 대로 풀리지 않으면 아무리 긍정적인 사람이라도 조급해지기 마련이야.

조급함은 금세 우울함이 되고, 여기에서 빠져나가지 못하면 그게 바로 슬럼프가 되는 거야. 한번 바닥으로 가라앉기는 쉽지만 바닥을 치고 올라오기는 어려워.

그러니까 동굴에 나를 가두기 전이라면 무엇이든 해도 좋아. 나는 슬럼프에 빠졌을 때 나만의 루틴을 만들려고 노력했어. 카페에서 알바를 하고, 운동을 가고, 일

부러 약속도 잡으면서.

당장 눈앞에 해야 할 일을 만들어두면 그 외에 불필요한 감정이 떠오르는 일을 막아주니까.

이 루틴대로 하루하루를 성실하게 살아가다 보니 물살에 휩쓸려 사라질 것 같던 미래가 차츰 모습을 갖추더라고. 일상의 작은 도전을 차곡차곡 쌓는 게 내가 원하는 인생을 위한 첫걸음일지도 몰라.

후회 없는 인생을
사는 법

신나게 일하고, 죽을 만큼 놀아보는 것.

아무 날도 아닌 평범한 일상에서 나 자신에게 좋은 선물을 해주면, 별것 아닌 그 사소한 선물 하나가 인생의 밸런스를 맞춰주는 큰 원동력이 돼.

예를 들면, 저녁에 치킨 먹기, 주말에 호캉스 가기처럼 평소에 잘 하지 않는 소비로 즐거움을 주는 거야.

카메라 안팎에서 성실한 삶을 살아낸 나에게 '참 잘했어요' 도장을 꽝 찍어주는 거지.

이런 사람은 나중에 관에 들어갈 때가 되면 틀림없이 "나 정말 잘 놀았다"라고 말할 수 있을 거라고 생각해.

내 직업을 한마디로
소개하자면

광대.

다른 사람을 웃길 수도 있고,

울릴 수도 있고,

본인을 낮추지만,

자존감은 높은 사람.

세상에 완벽한
관계는 없다

곁에 두면 행복해지는 사람①

나의 고민을 심각하지 않게 받아주는 사람.

"이미 일어난 일인데 어떡해."

대수롭지 않은 듯 무심한 말로
나의 예민함을 뭉툭하게 만들어주는 친구.

곁에 두면 행복해지는 사람②

함께 있을 때 깔깔대며 웃을 수 있는 사람.
집에 돌아와 '오늘 무슨 얘기를 했더라?'
떠올려보면 하나도 기억나지 않지만,
그 순간에는 숨이 넘어갈 만큼 행복했다는 기억을 주는 친구들.

나와 똑같은 사람 vs.
나와 정반대인 사람

인생이 순탄하고 싶다면

나와 똑같은 사람.

인생이 스펙터클해지고 싶다면

나와 정반대인 사람.

어떤 관계에서든 배려는 필수.

알지?

나이가 들면서
중요해진 것

관계, 건강, 취향.

첫 번째, 나이가 들수록 언제든 편하게 마음을 터놓을 관계가 많아져야 한다는 것.
두 번째, 시간과 돈과 에너지를 쓰더라도 건강을 지켜야 한다는 것.
세 번째, 다른 사람에게 좌지우지되지 않는 나만의 세련된 취향을 탄탄히 쌓아가야 한다는 것.
이게 멋지게 나이 든다는 것의 세 가지 조건이야.

약속 시간을
지켜야 하는 이유

시간 약속은 인성이니까.

어렸을 때는 친구나 연인과의 약속에서 시간을 잘 안 지키는 경우가 많잖아. 내가 너무 좋아하는 사람이니까 '그럴 수도 있지'라고 생각하고 넘어가줬는데, 친구가 가장 소중했던 그 시기를 지나보니 그렇지 않더라고.

시간 약속, 그 단순한 기준 하나만으로도 그 사람에 대해 훤히 들여다보이는 느낌이야. 이렇게 작은 일로 친구와의 관계에 틈이 벌어지기 시작하면 나중에는 또다른 사소한 일로 신뢰가 완전히 깨지거든.

그러니까 시간 약속은 소중히.

손절 버튼을
누르고 싶을 때

대화 종결의 치트키 "알아서 할게~".

이 말을 쓸 때는 뉘앙스가 굉장히 중요해. 상대방은 나를 생각해서 성심성의껏 조언해줬을 테니까.

나는 이미 "기분 나쁘게 생각하지 말고 들어"라는 말에서 기분이 나쁘잖아? 그렇다고 구구절절 설명하다 보면 결국 말이 길어지고 싸울 여지가 커지는 거지. 그러니까 "그래, 고마워. 알아서 잘 해볼게"로 끝내는 게 나아.

내 브이로그에서도 자주 봤지? 손절 버튼이 눌릴 것 같을 때 다시 한번 기억하자.

"알아서 할게~, 고마워~."

예쁜 말로
뼈 때리는 법

"다음부터 늦지 마" 대신

"다음에 또 늦을 거면 10만 원 먼저 보내줄 수 있을까?"라는 위트로,

"왜 나한테만 지랄이야" 대신

"왜 나한테만 항상 관심이 많을까아?"라는 물음표로,

"이런 식으로 할 거면 때려쳐" 대신

"이렇게 다섯 번 하는 것보다 제대로 한 번에 끝내는 게 빠르겠다"라는 팩트로.

상대방에게 맛있게 먹이는 돌려까기의 기술을 익히자.

어렸을 때 친구와
멀어지는 기분이 든다면

인간관계라는 복잡한 일에 대단히 연연하지는 말자.

인간관계에서 놓아줄 때를 아는 것도 지혜야. 물러가는 관계를 놓지 못하고 꽉 잡고 있으면 어느 순간 썩기 시작해. 그러다 보면 별것 아닌 일에 감정이 폭발해서 다시는 되돌릴 수 없는 관계가 되기도 하고 말이야.

프로 손절러가 되라는 말이냐고? 아니, 살다 보면 적당히 미지근한 온도로, 평생 가는 관계도 있거든.

그러니까 20대의 절친이 나와 멀어지는 것 같아 보여도 너무 마음 아파하지는 마. 인생에 순리가 있듯, 관계에도 타이밍이라는 게 있으니까.

좋은 친구를 남기는
유일한 방법

서운하다는 감정은 잠시 넣어두는 게 어떨까?

20대를 넘어 30대가 되면 친구들이 하나둘 결혼하잖아. 평생 붙어 다닐 줄 알았던 친한 친구가 자기만의 가족을 만들고 나와 멀어지면 당연히 섭섭하겠지.

하지만 그건 누구의 잘못도 아니잖아. 인생의 갈림길에서 어느 순간 우리는 늘 새로운 사람과 만나고 또 이별할 수밖에 없어.

가깝고도 먼, 멀고도 가까운 가장 적절한 거리를 만들어내는 일. 이게 바로 좋은 친구를 내 곁에 두는 유일한 방법이야.

평생 친구

그.런.건.없.다.

오늘 함께 하하호호 웃은 친구도
내일이면 손절할 수 있고,
어제까지 데면데면했던 지인도
오늘은 세상 둘도 없는 절친이 될 수 있다.

그러니까 평생 친구라는 뜬구름을 잡기보다
지금, 오늘, 내 옆에 있는 사람에게
더 잘해줄 것.

입이 가벼운 친구와 손절해야 할까?

똥인지 된장인지 모르면 걍 냅둬.

인간의 역사에서 불변하지 않는 진실은 입이 가벼운 사람은 언젠가 입으로 망한다는 것.

굳이 입이 가벼운 친구에게 "너 그렇게 여기저기 말 옮기다가는 언젠가 큰코 다칠 수 있어"라고 말할 필요가 없다는 얘기야. 내 비밀만 조심하면 노 프라블럼.

그런데 어떻게 해서든 내 비밀을 캐려고 하는 게 보인다? 그럴 때는 굳이 손절해서 분란을 만들기보다 서서히 거리를 두는 편이 살아보니 더 현명한 방법이더라고.

그 친구는 언젠가 똥통에 빠져 허우적거릴 거야.

나보다 잘나가는 사람이
부러울 때

그 사람만큼 노력이나 해봤어?

내가 정말 멋지다고 생각하는 S형이 있어. 나랑 비슷하게 메이크업 영상을 올리고, 리뷰를 하고, 브이로그를 만드는데 어느 날부터 따라가지 못할 만큼 앞서가기 시작하는 거야. 나는 왜 저 형만큼 성공하지 못하는 거지? 자괴감이 들더라고.

그러던 어느 날, S형과 같이 놀다 깜빡 잠이 들었어. 아침에 눈을 떴는데, 형이 메이크업을 한 상태로 웃으며 나에게 달려와 "진짜 멋지지?" 묻더라고. 잠도 안 자고 메이크업 영상을 촬영한 거야.

그때 알게 됐지. 그 형과 나의 차이를.

'나의 노력과 저 형의 노력이 정말 같은 크기였을까?'

적지 않은 충격을 받았어.

알고리즘의 축복, 우연히 터진 영상 하나, 운이 좋아서…. 미안하지만 다 핑계고 헛소리야. 노력하지 않는 사람이라면 평생에 몇 번 찾아오지 않는 운도 눈치채지 못한 채 흘려버리거든. 운을 잡는 사람에게는 내가 모르는 수백, 수천, 수만 시간의 열정이 켜켜이 쌓여 있어. 난 그것도 모르고 결과만 보고 부러워했던 거야.

그러니까 그런 사람을 보면서 부러워할 필요가 없다. 자존감이 낮아질 필요도 없고. 결과를 비교하기 전에 투자한 시간과 에너지를 비교해봐. 그것이 지금 나의 위치를 가장 객관적으로 보여주니까.

거절의 기술

친구에게 하기 싫은 부탁을 받았을 때 현명하게 거절하는 법.

1. 싫으면 싫다고 솔직하게 이야기하기.
2. 다음에 형편이 나아지면 꼭 도와준다고 하기.
3. 친구가 제안한 방법 대신 다른 방법으로 도와준다고 역제안하기.

관계를 오래 이어가는 비결

집착과 애착 사이에서
악착같이 붙잡으려는 게
인간관계의 패착이야.

관계는 물 흐르듯 유유히.

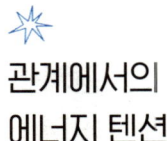
관계에서의
에너지 텐션

텐션이 높은 친구에게는 높게,

텐션이 낮은 친구에게는 낮게,

그러면 내 에너지는 플러스마이너스 제로.

내향인 친구와
외향인 친구

친구 사이에서는 E라서, I라서, T라서, F라서 그렇다는 말만큼 바보 같은 기준도 없어.

내 채널을 보면 E인 친구들이 압도적인 것 같지만, 실제로는 I인 친구도 많아. MBTI만 보고 나랑 잘 맞겠다고 하는 얘기는 반대로 말하면 내가 인간관계에서 그만큼 노력하지 않는다는 뜻이야.

나보다 내향형이라서, 나보다 감성적이라서, 나보다 계획적이지 않아서 처음부터 좋은 관계를 위해 애쓰지 않는다는 말이니까. 너무 가벼운 이유로 좋은 사람들을 떠나보내지는 말자.

영원한 건
없다

세상에 영원한 건 아무것도 없다.

이 말은 종종 슬프게 들리지만, 난 반대로 생각해. **무언가 영원히 갈 것 같다고 생각하면 더 이상 소중하게 여기지 않게 된다고 말이야.** 오래 연락이 끊긴 친구에게 '나중에 안 바쁠 때 연락하지, 뭐', 가족과 함께 보내는 시간도 '여유가 생기면 여행 가지, 뭐', 반려견과의 산책도 '다른 가족이 챙기겠지, 뭐'.

얼마전에 세무사님이 연말정산을 해야 한다고 연락을 주셨더라고. 와, 벌써 2024년이 다 지나갔다고? 엊그제 새해가 시작된 것 같은데, 바쁘게 살다 보니 의식하지 못하는 사이에 1년이 지나버렸어.

어른들이 나이가 들수록 시간이 더 빠른 속도로 달려간다고 했던 말이 30대가 돼보니 실감 나. 그럼 앞으로는 지금보다 시간이 더 쏜살같이 지나간다는 말이잖아? 지금까지의 짧은 삶에서도 많은 것과 이별하며 살았는데, 이제 그와는 비교할 수 없을 만큼 더 많은 것과 헤어지게 되겠지. 지금 내가 좋아하는 사람도, 풍경도, 취미도 언젠가는 내 옆에 있는 게 당연하지 않을 수 있잖아.

그런 생각이 들고 나니 매일을 대하는 태도가 달라지더라고. 매 순간을 즐기면서 살게 되고, 감정이 바닥을 칠 때도 이 기분에서 빨리 벗어나기 위해 노력하게 돼. 시간이라는 한정된 자원을 불편한 사람과 보내기보다는 되도록 좋은 사람과 보내는 데도 신경 쓰게 되고.

영원한 건 없으니까 우리는 더 좋은 선택을 하는 데 집중해야 해. 다행히 선택권은 우리에게 있어. 지금, 나에게, 가장 즐거운 일을 하면서 살자, 우리.

남의 시선이
신경 쓰일 때

"뭐 어때?"

Q형을 처음 만났을 때, 화려한 옷차림, 과한 제스처, 높은 톤의 목소리 때문에 부담스럽고 가까이하기 어려운 사람이라고 생각했다. 그래서 어느 날은 형한테 조심스럽게 물어봤지.

"형, 사람들이 쳐다보는 거 신경 안 쓰여?"

그랬더니 형이,

"뭐 어때?"라고 하더라고.

몇 년 동안 형을 알고 지내면서 변하지 않는 모습을 보고 이제는 그 자신감이 Q형의 원동력이라는 사실을 깨닫게 됐어. 지금은 독보적인 형의 모습을 많은 사람이 있는 그대로 좋아해주게 되었잖아.

    인생 뭐 있어? 어차피 다른 사람은 나한테 큰 관심이 없어. 내가 어떤 모습이든 좋아할 사람은 좋아하게 되어 있고.

예뻐지고 싶은
사람에게 ①

 세상 사람 모두가 알면서도 서로를 속이는 비밀을 하나 알려줄게. **있는 그대로도 예쁘다는 말은 사실 거짓말이야.**

 화장하지 않고 가꾸지 않은 자신의 모습을 사랑하는 사람이 있다면, 너무 축하해. 당신은 스스로를 사랑할 줄 아는 귀한 능력을 타고난 사람이니까.
 하지만 모든 사람이 그렇지는 않아. 내가 별로라서 별로라고 하는데 별로가 아니라고 말한다고 해서 별로가 아니게 되진 않는다는 말이야.

아름다운 외모를 추구한다면 우리는 얼마든지 더 예뻐질 수 있어. 외모 자신감도 노력의 문제니까. 남들이 뭐라 하든 거울 속 내 모습에 만족하고 싶다면, 살도 빼보고 운동도 해보고 주사도 맞아보고 성형수술도 해보는 걸 추천해.

물론 인생에서 예쁜 얼굴이 다는 아니지. 그렇지만 속마음을 감춘 채 그게 아무것도 아니라고 무시하는 건 나를 속이는 일이잖아. 예뻐지고 싶은 마음을 자꾸만 억누르라고 하는 것도 또 다른 억압 아닐까?

어렸을 때부터 나는 주변 사람들에게 '겉멋만 들었다'는 핀잔을 많이 들었어. 그러든 말든 갖고 싶은 외형을 갖추기 위해 다방면으로 공부하고 노력했더니 어느 순간 그 일이 내 밥벌이 수단이 되더라.

외모도 경쟁력이라는 말은 허황된 소리가 아니야. 어떻게 만들어가느냐에 따라 삶의 방향을 결정하는 나침반이 될 수도 있어.

예뻐지고 싶은
사람에게 ②

올해의 목표.

"1년 동안 알바비를 모아 겨울에 유럽 여행을 가겠다."

"운전면허증을 꼭 취득하겠다."

"공부를 열심히 해서 장학금을 받겠다."

그리고

"코 수술에 성공하겠다!"

외모에 진심인 당신, 치밀한 계획과 전략! 난 그 선택을 응원해.

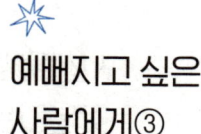

예뻐지고 싶은
사람에게 ③

화분에 물을 주면

시들었던 잎이 활짝 웃는 거 알아?

나를 돌봐준다는 것도

스스로에게 관심을 갖고 보듬어주는 일이야.

그러니 우리 모두

얼굴만 예쁜 사람은 되지 말자.

나를 가장 잘 알아주는 것만큼

자존감이 높아지는 일도 없으니까.

시선을 받는 직업을
갖는다는 것

 유튜버라는 직업을 선택할 때, 다른 사람이 나를 어떻게 볼 것인가에 대해 당연히 고민했어. 채널이 작을 때는 더 커지고 싶다는 욕심이 있었지만, 막상 20만 명이라는 어마어마한 사람이 내 영상을 본다고 생각하니까 가끔은 무섭더라고.

 이 일이 대체로는 즐거웠는데, 딱 한 번, 사건 사고에 휘말렸을 때는 아찔하더라. 내 잘못이 아님에도 나를 향하는 비난과 의심의 화살을 견디는 일이 쉽지 않았어. 짧은 시간 동안 쏟아지는 DM과 문자로 진실을 추궁당했고, 그 글들을 보면서 한 번도 상상해보지 않은 온갖 나쁜 생각이 머릿속을 스쳐 지나가더라고.

다행히 후속 기사와 해명 글 덕분에 금세 따가운 시선에서 벗어났지만, 이후로는 친구들과 일을 대하는 자세가 많이 달라졌어.

나를 좋은 마음으로 알아봐주는 사람이 늘어나는 것은 너무나 고마운 일이지만, 아무리 조심하더라도 색안경을 끼고 보는 사람은 늘 존재한다는 사실을 이제는 알아.

몇 년이라는 시간을 유튜버로 보내고 나니 이제는 그것마저 괜찮아지더라. 어차피 그들이 나에 대해 말하는 것은 소근소근이 끝이거든. 내가 그들의 인생에 대단한 영향력이 있는 사람이 아닌 것처럼, 그 사람들도 나에게 그저 스쳐 지나가는 행인일 뿐이야.

그런 뒷담화 같은 시선을 신경 쓸 시간에 나에게 소중한 사람들을 더 많이 생각하고 싶어. 내가 무엇을 하든, 어떤 잘못된 이야기가 떠돌든 간에 믿어주는 친구들이 있는 한, 이제는 어떤 말을 들어도 두려워하지 않고 당당하게 맞설 용기가 생겼거든.

깊은 대화를 나누는
세 가지 방법

하수: 다짜고짜 요즘 무슨 일 있냐고 물어본다.

중수: 그 사람의 사소한 변화를 눈여겨보고 근황부터 물어보다가 고민을 묻는다.

고수: 스몰 토크로 시작해서 내가 고민을 먼저 털어놓도록 자연스럽게 이야기를 끌어간다.

티 나지 않게
자랑하기

자랑할 일이 생겨서 입이 근질거릴 때,
티 나지 않게 이야기를 꺼내는 가장 좋은 방법은 칭찬 선수치기.

"형, 얼마 전에 과장으로 승진했다며? 축하해."
"아, 고맙다. 너도 드디어 대기업으로 이직했다며? 축하한다."

이것이 재수없는 애로 찍히지 않는 은근슬쩍 자랑법.

기분 좋은 대화의 기본

① 상대방의 장점 찾기

: 가식처럼 보이더라도 렌즈가 예쁘다거나 신발이 개성 있다고 말해주는 것처럼 별것 아닌 좋은 점을 칭찬해주면서 대화를 시작할 것.

② 눈 맞춤

: 업무 관계에서 눈을 피하면 자신감이 떨어져 보여. 눈을 보는 척하면서 인중을 봤다가 정수리를 봤다가 눈썹을 보는 식으로 시선을 옮겨보는 것도 좋음!

③ 은은한 미소

: 호탕한 웃음보다 대화에 계속해서 관심을 기울이는 듯한 잔잔한 미소가 상대방에게는 더 호감을 준다는 사실.

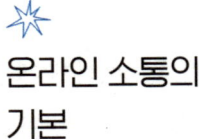
온라인 소통의 기본

① 안읽씹 절대 금지

: 난 이게 대화의 시도를 차단해버리는 제일 못된 버릇이라고 생각해. 매번 이러는 친구가 있다? 글쎄, 나라면 곧 손절하지 않을까.

② 끝맺음 본인이 맺기

: 이야기가 슬슬 마무리될 때, 마지막 말에 하트를 누르거나 이모티콘 보내주기. 이런 사소한 배려가 상대방에게 좋은 인상을 주느냐 아니냐의 차이 같아.

③ 전화 무서워하지 않기

: 요즘에 전화를 불편해하는 사람이 많지만, 사회생활에서는 분명 전화 통화가 필요한 일이 생기거든. 그럴 때 너무 겁먹지 말고 당당한 목소리로 받기!

어색한 사람과 대화하는
세 가지 방법

첫째, 행동을 분석한다. 정보를 먼저 수집하는 거야. 상대방이 나와 대화를 하고 싶어하는 상황인지, 어떤 주제에 관심이 있는지 등. 그래야 대화할 때 서로 어색해지지 않겠지?

둘째, 공통점을 찾는다. 모든 대화의 시작은 아이스 브레이킹! 직업이든, 취미든 나와 대화가 통할 만한 소재를 찾아야지.

셋째, 칭찬한다. 그 사람의 첫인상이 좋든 싫든 대화를 해야만 하는 상황에 던져졌다면 좋은 이미지를 남겨야지. 하다못해 아무 말이 없는 사람이라면 "엄청 침착

하고 생각이 깊으신 것 같아요"라는 헛소리라도 말이야.

여기에서 더 가까워지고 싶은 사람을 만났을 때 꿀팁을 하나 주자면, 공통점을 찾을 때 약간은 사적일 수 있는 부분을 건드려봐. 내 이야기를 먼저 자연스럽게 털어놓으면서 상대방이 나에게 해줄 만한 말이 있을지 엿보는 거지.

예를 들어, 지금 내가 연애를 시작한 지 얼마 되지 않았다면 행복하면서도 약간은 전전긍긍하게 되잖아. 그럴 때, 친해지고 싶은 사람에게 장기 연애 경험이 있으면 은근히 조언을 구하면서 조금 더 가까워지는 계기가 될 수 있어.

나는 시작하는 인간관계란 브레인스토밍과 비슷하다고 생각해. 공통점을 딱 하나만 발견하면 가지가 점점 뻗어나가면서 할 수 있는 이야기가 풍성해지거든.

그러니까 명심해. 딱 한 가지, 이것만 찾으면 누구와도 친해질 수 있어.

평범해도
분위기 있는 사람

 나이가 들수록 분위기가 우아해지는 사람의 아주 사소한 특징 두 가지.

 첫째, 깔끔한 외모. 예쁘거나 잘생긴 것과는 달라. 늘 가지런하게 정돈되어 있는 손톱, 보풀 하나 없이 매끈한 니트, 지문이 묻지 않은 투명한 안경, 한두 가닥 올라와 있는 새치 관리, 머리 아프지 않은 은은하게 좋은 향기. 나이가 들어도 외모는 어쩔 수 없이 가장 먼저 눈에 띄는 특징이야.

 둘째, 세련된 말투. 목소리는 바꿀 수 없지만 말투는 노력하면 바꿀 수 있어. 어렸을 때는 욕이나 비속어를 섞으면서 왁자지껄하게 떠들어도 되지만, 나이가 들수록 그런 말투가 어울리지 않게 되거든. 특히 본인이 30~40대가 되었을 때 원하는 롤모델이 있다면, 말투와 사용하는 언어에 더욱 신경을 써야 돼. 나도 아직 잘은 못하지만 곱게 나이 들려고 신경은 쓰고 있는 것 같아.

그리고 마지막으로, 잘 씻자. 이것만큼은 내가 꼭 부탁할게!

나쁜 소식을
전해야 할 때

말해야 돼?

말아야 돼?

고민될 때는 말하지 않는 게 맞다.

그걸 고민하는 순간,

그건 이미 가십거리가 되었다는 소리니까.

나에게 실망한 사람의 마음을 돌리고 싶을 때

쿨하게 인정하고 당당하게 행동해.

특히 회사에서 실수하거나 잘못했을 때 변명은 필요 없어. 솔직하게 이야기하고 앞으로 더 잘하겠다고 말하는 자세가 오히려 상대방의 심금을 울리거든.

사회생활이 삭막한 것 같지만, 난 오히려 어떤 면에서 학교생활보다 쉽다고 생각해. 다들 퍽퍽한 삶에 지쳐서 메마른 얼굴로 영혼이 없는 것 같아도 후배가 노력하는 모습만큼은 흐뭇하게 보거든. 게다가 좋은 상사라면 후배의 실수나 잘못은 늘 감싸주고 용서해줄 마음의 준비가 되어 있어.

이런 단순한 진실을 기억하고 있으면 조마조마한 살얼음판 같은 회사도 단단한 콘크리트 같은 마음으로 편하게 다닐 때가 올 거야.

이유 없이 나를
싫어하는 사람

악플 쓰는 사람들 있잖아? 난 기를 쓰고 찾아내서 똑같이 이유 없이 미워해.

이성적이고 합리적인 단점 말고 1차원적이고 말 같지도 않은 이유를 찾아. 못생겨서, 뚱뚱해서, 학벌이 달려서, 키가 작아서 기타 등등.

그런 이유로라도 상대방을 미워하는 게 나에게 위안이 된다면 그건 상처받은 내 마음을 치료해주는 좋은 약이니까. 때로는 용서보다 미움이 삶을 나아가게 해주는 원동력이 되기도 해.

나를 미워하는 사람을
만들지 않는 법

예전에 이런 말을 들은 적이 있어.

나를 아는 사람이 10명 있다면

7명은 나에게 관심이 없고,

2명은 나를 미워하고,

1명은 나를 좋아한다고.

이게 인생의 진리야.

나를 미워하는 2명을 신경 쓸 시간에

나를 좋아하는 1명에게 마음을 쏟는 게

건강한 인간관계의 시작이야.

부정적인 사람에게서
벗어나기

"진짜 그랬구나. 그렇구나"라고 말해주기.

이 마법의 문장이 맡은 역할은 무관심이야. 부정적으로 말하는 사람에게 이야기를 이어갈 먹이를 주지 않는 거지.

화가 많은 사람은 말을 하면 할수록 자기 감정을 주체하지 못하고 점점 더 부정적인 감정만 쏟아내기 마련이야. 그렇다고 해서 내가 그 이야기를 계속 들으면서 감정 쓰레기통이 될 필요는 없어. 그럴 때는 적당히 공감해주면서 적당히 이야기를 끊어내는 지혜가 필요해.

그 일을 도와주는 게 '진짜', '그랬구나', '그렇구나'.

부정적인 상황에서
나를 지키는 법

누가 뭐라 하든 이기적으로 살아.

이기적인 게 뭐가 나빠? 어차피 모든 사람의 세상은 자신을 중심으로 돌아가는데. 내가 나를 좋아하지 않고 자신감이 없으면 어떤 상황이 닥치든 부정적으로 볼 수밖에 없어. 남한테 나쁘게 굴라는 말이냐고? 아니. 스스로를 잘 돌봐주라는 말이지.

만나면 피곤해지는 에너지 뱀파이어 같은 친구가 만나자고 하면 굳이 나가지 않아도 되고, 연애할 때 나만 양보해줘야 하는 이기적인 사람과는 헤어져도 돼. 먹고 싶은 음식이 있으면 솔직하게 말하고, 지치고 피곤할 때는 하던 일을 멈추고 당장 쉬어.

이기적인 인생이 어설프게 명상하고 도 닦으면서 참기만 하는 삶보다 정신 건강에 훨씬 좋으니까.

대화를 시작할 때
저지르기 쉬운 실수

절대, 부정적인 생각을, 덧붙이지 마!

"오, 머리 새로 했네?" (O)
"오, 머리 새로 했네? 별론데?" (X)

"주말에 봄옷 새로 샀구나?" (O)
"주말에 봄옷 새로 샀구나? 또 돈 썼냐?" (X)

"아, 어제 그 영화 봤어?" (O)
"아, 어제 그 영화 봤어? 난 노잼이더라." (X)

인스타그램 아이디가 뭐예요?

관심 있는 사람이 생겼을 때, MZ하게 접근하고 싶다면 연락처보다는 인스타그램 아이디를 물어봐. 진지하게 들이대는 것 같지도 않고, 관심 있는 티를 은근하게 돌려서 드러낼 수 있거든.

자, 인스타그램 아이디를 알아냈으면 다음 세 가지 스텝을 따라 할 것.

Step1. 팔로하지 말고 최근 게시물 두세 개에 좋아요만 누르기. 오래전 게시물은 절대 안 돼!

Step2. 상대방이 팔로하면 맞팔하기.

Step3. DM창을 만들고 상대방의 스토리에 자연스럽게 메시지 남기기.

아, 좋아요를 여러 번 눌러줬는데도 상대방이 선팔을 안 해서 계속 Step1이라고? 그러면 끝이지 뭐.

대화 중에 침묵이
길어질 때

최근에 본 웃긴 영상이나 같이 봐.

대화에 마가 뜬다는 건 진지한 이야기를 하다가 에너지가 소진됐다거나 더 이상 털어놓을 근황이 없다는 말이야. 이럴 때 억지로 대화를 끌고 가봐야 재미도 없고 지루해지기만 해.

차라리 최근에 본 릴스나 쇼츠처럼 단순하고 재미있는 영상을 같이 보면 분위기도 반전되고 좋더라고. 그러다 보면 상대방도 자기가 보거나 들은 재미있는 이야기를 떠올리게 되고.

그치만 아무 얘기하지 않고 좀 어색한 채로 있는 게

더 나을 때도 있더라. 굳이 이야기를 꺼내야 한다는 강박이 분위기를 더 흐리기도 하거든. 상대방은 잠깐 대화를 쉬고 싶을 수도 있잖아. 좋은 대화를 위한 1단계는 분위기 파악이라는 걸 명심해.

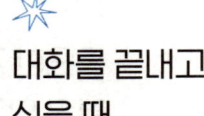
대화를 끝내고
싶을 때

"아, 진짜요?"

처음에는 아무 말 없이 입가에 미소를 싹 띄우고, 눈을 동그랗게 뜨면서 엄청나게 맞장구칠 것 같은 리액션을 취하다가, 순식간에 미소를 거두고 매가리 없는 말투로 "아, 진짜요?"라고 대답하는 거지.

그러면 말하는 사람도 본능적으로 내가 대화에 관심이 없다는 걸 눈치채게 돼. 그렇다고 대화를 시작한 지얼마 안 됐을 때 써먹으면 사회성 부족하고 싸가지 없는 애라는 소리 듣기 딱 좋으니까, 대화가 최소 30분 이상 지났을 때 시도해보기.

중요한 자리에서
떨지 않고 말하는 법

'나 빼고 다 X밥이다'라고 생각하는 것.

개그우먼 장도연 님이 한 이 말을 듣고 무릎을 탁 쳤어. 나도 비슷한 생각을 한 적이 있거든.

많은 사람 앞에서 말을 해야 하는 중요한 자리에서 나는 나를 유치원 선생님, 앞에 앉은 사람들을 유치원생이라고 가정해. 그러면 나는 나의 지식을 이 사람들이 가장 이해하기 쉬운 방식으로 천천히 설명해줘야 하잖아. 아예 아무것도 모르는 사람들이라고 생각하면 조금은 어깨가 으쓱해지면서 편하게 말할 수 있게 되더라고.

최근에 미용 관련 일로 강연을 한 적이 있었어. 그때는 전문가로서 초빙된 자리니까 참석자들은 내 이야기를 귀 기울여서 들을 거 아냐. 그럼 오히려 긴장하고 있어야 할 사람들은 내가 아니라 상대방 아닐까? 내 말을 놓쳐선 안 되니까.

물론 이런 방식을 머리로 이해하기는 쉬워도 실천하기 어려운 사람도 많다는 건 알고 있어. 그럴 땐 방법 없지 뭐. 계속 떨면서 앞에 나가고, 또 떨면서 앞에 나가고 반복하면서 무뎌지는 수밖에.

그러다 보면 120으로 뛰던 심장박동이 어느 날은 100으로 내려오고 그러다가 80으로 차분해지면서 편하게 이야기할 수 있는 날이 올 거야. 인간은 적응의 동물이라는 사실을 믿고 시간을 기다려주는 건 언제나 정답이니까.

사람들에게
사랑받는 방법

사랑받고 싶은 티를 안 내야 사랑받는다.

사랑받고 싶은 마음이 너무 드러나면 나를 자꾸 좋은 사람처럼, 귀여운 사람처럼, 똑똑한 사람처럼 포장하게 돼. 그런데 어른이 되면 다 알거든. 저 사람이 일부러 저러는지, 정말 자연스러운 매력인지.

그러니까 억지로 사랑을 갈구하는 느낌을 주면 되레 다른 사람과 친해지기 더 어려워. 나를 먼저 드러내기보다는 상대방을 향한 관심을 보여주고, 부담스러워하지 않는 선에서 상대방에게 호감이 있다는 티를 내. 그러다 보면 내가 원하는 사랑도 자연스럽게 받게 될 거야.

인간관계와 술

꼭 술을 마셔야 친해지는 사람이라면 안 친해져도 돼.

술 한잔 못 마셔도 술 마신 텐션으로 놀 수 있을 만큼 편한 친구가 진짜 친구지.

내가 싫어하는 일을 억지로 하게 만드는 사람은 친구라고 생각하지도 마.

싫은 사람을 대하는 기술

나를 세상 재미없는 사람이라고 상상하면서 세상 심드렁한 말투로 대화하기.

그놈: 지난 주말에 친구들이랑 스키장 다녀왔잖아.
나: 아, 진짜요? 아, 좋으셨겠다.
그놈: 현석 씨는 스키 탈 줄 알아? 난 겨울만 되면 시즌권을 끊을 정도야.
나: 와, 대단하시다.
그놈: 현석 씨는 주말에 뭐 했어?
나: 아, 집에 있었어요.

그놈: 집에서 뭐 했어?

나: 그냥 잤어요.

그놈과 대화하고 싶지 않다면 AI가 되자.

쓰레기는 재활용이 안 된다

한번 쓰레기는 영원한 쓰레기.

누군가를 쉽게 판단해선 안 된다거나 그 사람에게 내가 모르는 좋은 면이 있을 수 있다는 말? 교과서는 이제 그만 덮어줄래? 다른 사람을 내 입맛대로 바꾸는 일은 절대 쉽지 않아.

다른 사람에게 조언하고 설득할수록 상대방은 바뀌기는커녕 오히려 방어적으로 나올지도 모르고.

그러니까 첫 만남의 직감을 믿고, 쎄한 사람은 피할 수 있어야 돼. 너도 '쎄믈리에'가 될 수 있어.

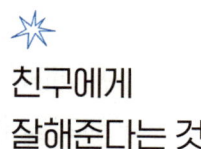

친구에게
잘해준다는 것

대가를 바라고 베푸는 거라면 처음부터 잘해주지도 말자.

내가 잘해준 모든 사람이 곁에 계속 남아 있는 건 아냐. 떠나갈 사람은 아무리 애를 써도 떠나가게 돼 있어. 그렇다고 너무 슬퍼할 필요도 없고. 세상일이라는 건 원래 내 마음대로 되지 않거든.

그러니까 누군가에게 잘해주고 싶은 마음이 들 때는 돌려받을 생각을 해선 안 돼. 나를 떠나간다고 배신감을 느낄 필요도 없어. 내가 무언가를 해주는 그 순간, 나에게 행복감이 든다면 그것만으로도 충분한 거야.

관계에서 기브앤테이크가 생각날 때

생일 선물을 준 친구에게서 내 생일에 축하 메시지 하나 못 받으면 서운해?

친구가 내 선물을 마음에 들어하는지 아닌지, 잘 쓰고 있는지 아닌지 신경 쓰여?

5만 원짜리 생일 선물을 준 친구에게서 2만 원짜리 기프티콘이 돌아오면 기분이 나빠?

관계에서 기브앤테이크를 바라지 마. 아무것도 바라지 않는 막역한 사이에서는 내가 무슨 선물을 줬는지조차 시간이 지나면 금세 잊어버려. 사소한 일로 전전긍긍하는 순간 이미 그 관계의 끝이 보이는 거야.

모든 사람에게
좋은 사람일 수는 없다

누군가에게는 세상 제일 예쁜 사람이지만, 누군가에게는 쌍년이 돼도 괜찮아.

열일곱 살 때 롯데리아에서 알바를 시작하면서 친해진 누나들이 있어. 이 누나들과 4년 동안 같이 일하면서 별일을 다 겪다 보니 나중에는 거의 가족만큼 가까워지더라고.

그러다 어느 정도 나이가 들면서 자주 보기가 어려워졌어. 누나들은 한 명씩 결혼하고 아이를 낳아 가족과 보내야 하는 시간이 많아졌거든. 그래도 괜찮았어. 1년에 한 번 볼까 말까 한데도 만날 때마다 열일곱 살로 돌아간 듯 천진하게 놀 수 있었으니까.

나는 누나들 생일을 꼬박꼬박 챙기지 않아. 바빠서 까먹을 때도 있고, 누나들이 먼저 필요한 게 없다며 손사래를 쳐서 선물을 못 해줄 때도 있었어. 기념일을 꼬박꼬박 챙기지 않아도, 예전처럼 자주 만나지 못해도, 우리 중 누구 하나 서운한 기색을 보이지 않아.

모든 사람에게 완벽하게 좋은 사람이 되고 싶다는 생각은 애초에 불가능한 목표야. 누군가는 세심하게 챙기지 않는 나를 보고 이기적인 놈이라고 욕할지도 모르지만, 난 그렇게 말하는 사람에게 인정받고 싶은 마음도 없어.

내가 사랑하는 사람들,

내가 아끼는 사람들,

그리고 함께 있는 시간을 아까워하지 않고 즐겁게 보내는 사람들만 내 마음을 알아주면 충분해.

모든 사람에게 좋은 사람이 되겠다는 마음을 버리면, 주변에 정말 좋은 사람만 남게 될 거야.

억지로 무뎌지려고
하지는 말자

어느 순간부터 생일이
내 인간관계의 시험대가 된 기분이다.

몇 명에게 축하를 받았지.
어떤 친구가 무슨 선물을 했지.
나는 얘한테 뭘 줬더라.

사람이니까, 사람이라서,
쉽게 무뎌지지가 않는다.

그래서 오늘도 하는 결심.
마음의 포용 가능한 용량을 파악해서
바라지 않을 만큼만 꺼내 쓰기.

싸움에서 꼭 지켜야 하는 한 가지

친구에게 아무리 화가 나도,

싸움에서 꼭 이기고 싶어도,

놀리고 싶은 마음이 들어도,

절대 마지막까지 눌러서는 안 되는

단 하나의 마지노선,

발작 버튼.

오래가는 인간관계에서 가장 중요한 것

☐ 성격　　　☐ 가치관

☐ 종교　　　☐ 유머 코드

☐ 외모　　　☐ 직업

☐ 기타 등등

내가 생각하는 1순위는 유머 코드!

공감 능력이 높아서
피곤할 때

어거지로 대답하면서 내 공감 능력이 높다고 착각하는 건 아닌지 생각해봐.

10~20대에는 자기 객관화가 완전하게 되기 어려워. 친구가 인생에서 가장 중요할 때잖아? 그러면 소외되기 싫어서, 잘 맞춰주는 사람처럼 보이고 싶어서, 내가 공감력이 높은 사람인 줄 알아서 무리하게 애쓰기 쉽거든.

그러니까 곰곰이 한번 돌아보자. 친구한테 공감해준 말이 진심에서 우러나온 것이었는지, 좋은 사람으로 보이고 싶어서였는지 말이야. 내가 해준 만큼 돌아오지 않으면 나중에 실망도 커진다는 것도 꼭 기억하고.

말하지 않고 표현할 수 있는 관계

 몇 년 전 친한 선배와 같이 태국에 간 적이 있었어. 여행을 함께 준비하고 싶었는데, 아무래도 내가 영어에 서툴다 보니 형이 먼저 나서서 이것저것 다 챙겨주더라고. 여행지에서도 식당 예약, 주문, 길 찾기 같은 건 전부 형 몫이었어. 아마도 형이 아니었으면 완벽하게 즐거운 여행이 되지 못했을 텐데, 내심 고맙더라.

 그래서 여행 중에 형이 갖고 싶어하던 가방을 몰래 사서 짠! 하고 선물했거든. 그런데 웬걸. 형이 갑자기 눈물을 흘리는 거야! 이 선배는 눈물 따위 흘리지 않는 쌉T인데. 아니, 이게 그 정도로까지 고마워할 일인가…. 당황

하고 있는데, 자기가 원하는 선물을 기억해줬다가 몰래 준비해서 주니까 놀라기도 했고 감격스럽다고 이야기하는 거야. 오히려 고마운 건 나였는데.

여행에서든, 일상에서든 일방적으로 한 명만 맞춰주는 관계는 오래갈 수 없어. 똑같이 힘들고 짜증 나는 상황에서는 사소한 배려에도 고마움을 표현할 줄 알아야 돼. 작아서 잘 보이지 않는 마음이라고 무시하다가 서운함이 켜켜이 쌓이면 언젠가 그 마음조차 가려질 거야.

"나 대신 숙소 알아봐줘서 고마워."
"이렇게 좋은 곳에 데려와줘서 고마워."
"너랑 함께라서 더 즐거운 여행이었어."
"다음에도 또 같이 오고 싶다."

이런 작은 표현들은 관계의 사슬을 더욱 단단하게 묶어주는 말들이야. 그러니까 고마운 일이 생겼을 때 미루지 말자. 그때그때 말하고, 작은 선물을 건네는 것만으로 상대방이 나에게 꼭 필요한 소중한 사람이라는 표현이니까.

친구의 잘난 척
퇴치법

자아도취병, 연예인병에는 시간이 약이라지만 그래도 한 번은 툭 던져보자.

(눈을 살짝 흘기고 표독스럽게 웃으며)
"혹시… 집에 거울 없어?"

곁에 꼭 남겨둬야 하는 사람

곁에 두면 절대 후회하지 않는 사람.

1위 팩폭러.

2위 나를 이해해주는 사람.

3위 내가 배려해준 걸 기억하는 사람.

마지막은 나한테 잘해주는 사람.

이들의 공통점은 '나'라는 존재에 관심이 있다는 것. 항상 나의 얘기를 잘 들어주고, 요즘 내가 잘 지내는지 궁금해하고, 내가 잘되기를 진심으로 바라면서, 내 필요를 챙겨주는 사람들. 이런 사람은 절대 놓치지 마.

상대방의 인성을
알아보는 방법

시간은 답을 알고 있다.

가끔은 첫 만남에도 상대방의 성격과 성향이 잘 보일 때가 있어. 나에게 호감이 있는지, 매력적인 사람인지, 앞으로 잘 지낼 수 있을지.

그렇지만 더 정확한 답은 오랫동안 그 사람과 시간을 보내면서 지켜봐야 해. 같이 놀러다니면서 즐거운 시간만 보내서는 안 되고, 갈등을 겪고 싸우기도 하고 가끔은 화도 내는 상황에 부딪혀봐야지. 그러다 보면 상대방이 나를 어떻게 대하는지가 분명하게 보여.

서로가 완전하게 편해진 상태에서 나를 대하는 모습

이 그 사람의 진짜 모습이야. 편하다고 막 대하기 시작하면, 글쎄, 계속 관계를 유지할 만큼 가치가 있는지 한번쯤 고민해봐야겠지.

나를 힘들게 하는
사람에 대한 미움

 마음이 다 비워질 때까지 쏟아내. 내가 살면서 저주하고 비난하고 욕해본 사람은 회사에 다닐 때 나를 괴롭혔던 선배 한 명뿐이야. 그런 일이 처음이라 그땐 어떻게 해야 할지 모르겠더라. 할 수 있는 일이 아무것도 없었어.

 그래서 그냥 기회가 있을 때마다 실컷 욕했어. 친구들 만나서 뒷담화도 신나게 까고, 혼자 있을 때 거울을 보면서 화도 내고, 그 사람이랑 대화할 때 머릿속으로 끊임없이 욕을 하기도 하고. 그렇게 증오와 원망을 마음껏 분출하고 나니까 쌓여 있던 울분이 서서히 깎여나가는 게 보이더라고.

그런데 30대가 되면서는 생각이 조금 달라졌어. 이제는 그렇게 나를 괴롭히는 사람이 나타나도 죽도록 미워할 것 같지 않아.

성격이 더 좋아졌냐고? 아니, 오히려 더 자기 중심적으로 변했지. 이제 나와 상관없는 바깥의 상황이 나를 갉아먹는다면 조금도 눈길을 돌리고 싶지가 않아. 나의 하루를 더 아름답게 만들어주고 내가 사랑하는 사람들에게 쓸 시간도 부족하거든. 언제부터인가 미운 감정이 들게 하는 사람에게는 욕하는 시간, 화내는 시간도 아깝다는 생각이 들더라.

그러니까 증오하는 마음을 누그러뜨릴 정답은 누군가를 미워할 시간을 나에게 좋은 시간으로 얼마나 바꿔나갈 수 있느냐에 달려 있는 게 아닐까 싶어.

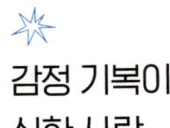
감정 기복이
심한 사람

"난 너무 감정적이야"라고
생각하는 대신

"난 지금 성장하는 중이야"라고
생각해보면 어떨까?

더 멋지게 해내고 싶으니까,
더 섬세하게 하고 싶으니까,
더 완벽하게 하고 싶으니까
스스로를 다그치면서

뾰족해지는 거잖아.

그러니까 우리는
감정 기복이 심한 사람이 아니라
흔들리며 성장하는 사람인 거지.

선 넘는 사람들을
대하는 법

심플하게 뇌를 비우고 그냥 냅둬.

애매하게 선을 넘을까 말까 하는 사람은 언젠가는 분명 선 넘는 말이나 행동을 하게 돼 있어. 그럴 때는 '왜 저러지? 불안하게?' 하며 전전긍긍하지 말고 그냥 '언제 넘어오나아~?' 하고 내버려뒀다가 선을 넘는 그 순간에 손절하면 돼.

손절하기 어려운 사람은 대놓고 무례한 사람이 아니라 기분에 따라 어떨 때는 잘해주고, 어떨 때는 선을 긋는 애매한 사람이야. 근데 난 그 애매모호함이 답답하고 기분이 나빠. 자꾸 나라는 사람을 두고 간을 보는 느낌이랄까.

그 사람은 이미 내 지인 목록에서 '불편함' 카테고리에 들어간 거야. 그러니까 굳이 잘 지내려고 노력하지 말고 선 넘을 때를 기다려.

가족에게도 지켜야 할 선이 있다①

동생과 같이 벚꽃 구경을 가는 이유?

삼각대 대용으로.

동생과 같이 맛집에 가는 이유?

벽 보고 먹으면 심심하니까.

우리가 싸우지 않는 이유?

서로의 선을 잘 지켜주니까.

아무리 남보다 조금 가까운 형제 사이라고 해도 지킬 것만 지키면 좋은 친구가 될 수 있지.

가족에게도 지켜야 할
선이 있다②

동생의 연애는 자유, 결혼은 글쎄. 가족 사이에도 다 큰 성인끼리 이래라저래라 하는 건 솔직히 말이 안 되지. 동생이 열 살 연상을 만나든, 열 살 연하를 만나든 돈터치, 알아서 할 문제야.

하지만 결혼이라면 얘기가 좀 달라져. 상대방의 나이나 경제력은 아무리 오빠여도 간섭할 수 없지만, 성품이 어떤지는 같이 봐줘야지. 앞으로 우리 가족이라는 울타리에서 함께 지내야 하는 사람이니까.

사람들은 종종 형제 사이라면 아무것도 터치해서는 안 된다고 생각해. 하지만 난 서로에게 최소한의 책임감

정도는 느끼고 살아가면, 더 행복해질 수 있을 것 같거든. 간섭이 아니라, 걱정과 조언. 이 정도의 선을 딱 지키는 게 중요하지.

단점에 대해
조언해주는 방법

내가 오은영 박사님이 된 것처럼 물음표를 영리하게 이용할 것.

"다음부터는 그렇게 말하지 않으면 어떨까?"

"다른 사람 의견도 들어보면 어떨까?"

이런 식으로 상대방의 발작 버튼을 켜지 않는 선에서 조심스럽게 스스로 알아채도록 말해주는 거야.

그런데 실은 누구나 자신의 단점은 스스로 가장 잘 알아. 장난으로 지적하는 것도 웬만하면 하지 말자. 그런 말을 해야 할 만큼 안 맞는다면 거리를 둬야 하고, 그런 말을 들을 만큼 심각한 단점이라면 고칠 수 없으니까.

PART3

사랑은
너무 어려워

건강한 마인드로
사랑한다는 것

 어른들은 우리를 보며 불타 오르는 사랑은 어렸을 때 경험해봐야 좋다고 이야기한다. 같이 있어도 보고 싶고, 무엇이든 함께하고 싶고, 이 사람만 있으면 뭐든 해낼 수 있을 것 같은 사람을 만나는 일은 평생을 통틀어도 한 번 있을까 말까 한 귀한 경험이다. 첫사랑을 시작하면 지금 내 앞에 있는 이 사람이 나의 부족함을 온전히 채워 나를 완벽하게 만들어줄 사람이라는 생각마저 들기도 한다.

 하지만 절대 깨질 것 같지 않던 단단한 사랑도 오랜 시간이 지나다 보면 조금씩 균열이 가기 마련이다. 그래서 우리에게는 건강한 마인드의 연애가 필요하다.

내가 좋아하는 사람을 오래 곁에 두기 위한 가장 좋은 방법은 '적당한 거리 두기'. '카톡 보낸 지 두 시간이나 됐는데 답이 없어? 사랑이 식은 것 아니야?', '이번 주에는 한 번밖에 못 봤는데, 또 보자는 말을 안 해?' 같은 식의 전전긍긍하는 마음으로는 사랑을 길게 이어나가기 어렵다.

아무리 좋아하고 사랑하는 사이라도 우리에게는 각자의 시간이 필요하다. 그 사람에게도, 나에게도 연인 이외에 다른 사람과 보내는 시간, 눈치 보지 않고 사회생활을 할 수 있는 시간이 있어야 사이가 더 견고해진다.

올인하는 연애는 결코 건강하지 않다. 그럴 때는 아주 작은 오해만으로도 관계가 쉽게 무너진다. 이렇게 균열이 생기면 둘만의 마음만으로 문제를 해결하기 어렵다. 이를 메워줄 시간과 다른 관계라는 주변의 완충재가 있다면 오히려 서로에게 더욱 충실한 존재로 오래도록 남아 있게 될 것이다.

이것이 20대 연애 초보에게 꼭 해주고 싶은 말이다.

딱 세 번은 만나고 나서
시작하기

한 번으로 그 사람에 대해 뭘 아는데?

소개팅에 나가서 첫인상이 별로면 두 번도 안 만날 때가 많지? 사귈 사람이 없는 이유는 톡 까놓고 말해서 그런 식으로 이 사람 저 사람 다 거르기 때문이야.

내가 여기서 세 번은 만날 사람 딱 정해준다.

1. 그 사람의 장점이 단 하나도 보이지 않을 만큼 너무 싫다.
   → 한 번만 만나기.

2. 그 사람의 단점이 딱 하나만 보인다.
→ 세 번은 만나기.

세 번째 만남에 그 사람의 거슬리는 그 단점 하나가 계속해서 신경 쓰이면 그때 가서 그만 만나도 돼. 인연도 시간이 만들어주는 거야.

짝사랑하는 사람과
그린라이트 같을 때

정말 미안한데, 착각하지 마. **상대방이 날 좋아하는지 아닌지 헷갈리게 한다? 그럼 그 사람은 널 좋아하는 게 아니야. 사랑은 숨길 수가 없거든.**

방금 나랑 눈이 마주친 것 같다고? 알바하는 중에 잠깐 손이 스쳤는데 찌릿했다고? 여러 친구들과 있을 때 유독 나만 쳐다보는 것 같다고? 네가 그 사람에게 관심이 있어서 사소한 행동 하나에도 반응하는 건 아니고?

봐봐, 그 사람은 그냥 자기 일을 하는 거야. 여기저기 둘러보다가 잠깐 눈이 마주칠 수 있지. 알바하다 보면 손도 스치고, 바짝 붙을 수도 있고. 친구들과 있을 때 내가 눈길을 끄는 행동을 해서 쳐다볼 수도 있고. 아니, 너가 그 사람을 계속 빤히 보고 있으니까 왜 그러나 싶어서 흘겨 보는 거 아냐?

제발 상대방의 사소한 행동 하나하나에 의미 부여하지 말자. 추측하고 상처받는 것보다는 차이더라도 돌직구로 고백하는 게 짝사랑을 끝내는 지름길이야. 누군가의 마음을 확인하는 데 그보다 좋은 방법은 없으니까. 혼자 사랑하고, 이별하고, 아파하는 짓은 너무 짜치잖아?

그러니까 괜히 그린라이트일까 아닐까 고민하며 시간 낭비하는 건 그만.

아, 참고로 이건 내 경험!

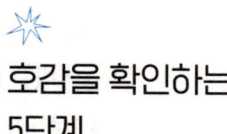

호감을 확인하는 5단계

1단계: 손 잡기　　　　　　　가능 ☐　불가능 ☐

2단계: 뽀뽀　　　　　　　　가능 ☐　불가능 ☐

3단계: 딥키스　　　　　　　가능 ☐　불가능 ☐

4단계: 취했을 때 집에 데려다주기

　　　　　　　　　　　　　　가능 ☐　불가능 ☐

5단계: 토한 것 치워주기　　　가능 ☐　불가능 ☐

상대방의 더러움도 기꺼이 감싸주는 게 사랑이 아니면 뭐가 사랑인데?

고백이 어려운
사람에게

가장 좋은 고백은 집착과 관심 사이에서의

아슬아슬한 줄타기.

아무 날도 아닌 평범한 날 툭.

그 사람이 예뻐 보이는 날 또 한 번 툭.

함께 즐거운 시간을 보낸 날 한 번 더 툭.

세 번이고, 네 번이고

후회가 남지 않을 만큼

상대방에게 내 마음을 솔직하게 전하는 것.

좋아하는 사람에게
다가가는 법

가장 적당한 온도와 속도와 각도로.

온도: 너무 뜨겁지도 차갑지도 않게 상대방과 비슷한 36.5도로 다가가기.

속도: 너무 빠르지도 느리지도 않게 가볍게 차 한잔을 마시는 것부터 조금씩 넓혀가기.

각도: 나와 같은 방향을 가리키고 있는지 조심스럽게 측정해보기.

오래된 남사친 고백할까? vs. 말까?

고백한다!
단, 고백 후에 절대 다시 친구로는 돌아갈 수 없다는 것만 기억해.

고백한 남사친이랑 친구 가능 vs. 불가능

친구로 지낼 수 없다!

고백한 후에도 멀어지지 않는 남사친은 여전히 미련이 남아 있다는 뜻이니까.

가장 좋은 고백의 타이밍

서로의 온도가 같아 보이는 순간을 잡아. 함께 시간을 보내다 보면 어쩐지 마음이 통하는 것 같은 느낌이 들 때가 있잖아. 타이밍은 바로 그때!

물론 상자를 열어보기 전까지는 그 감이 맞는지 아닌지 알 수 없지만, 그 순간을 놓치면 이후에는 마음이 점점 조급해지기 마련이거든. 고백에 실패하면 나중에는 다시 거절당해도 조금 슬플 뿐 상처받지는 않더라고.

그렇게 상대방과 내 마음의 온도차가 조금씩 인식되다 보면 나중에는 마음이 차분하게 차가워지는 순간이 오더라. 그러면 후회도 남지 않아.

내가 좋아하는 사람 vs.
나를 좋아해주는 사람

Case1. 내가 좋아하는 사람

만나면 행복하고 설레고 세상이 핑크빛으로 찬란하게 빛나지만, 집에 돌아오면 혼자 애타고 오지 않는 연락에 불안해하며 상대방의 마음이 끓어오르는 데까지 인내심이 필요.

Case2. 나를 좋아해주는 사람

크게 노력하지 않아도 사랑받는 느낌이 들고 안정적으로 천천히 따뜻해지는 관계지만, 초반에는 미적지근한 감정으로 상대방만큼 반응해주지 못하는 데서 오는 미안함을 느껴야 함.

둘 다 경험해보고 나에게 맞는 연애 방식을 찾으면 가장 좋겠지만, 결혼은 나를 좋아해주는 사람과 하는 걸 추천!

같이 있어도 외로움을
느끼는 순간

내가 상대방을 더 많이 좋아한다는 증거.

외로움을 느끼는 것은 잘못이 아니지만, 외롭다는 이유로 상대방에게 더 많은 사랑을 요구하다 보면 그 관계는 오래가지 못해. 지금 그 사람과 함께 있는 시간이 중요할까, 아니면 내가 느끼는 외로움을 충족하는 게 중요할까?

선택은 찰떠기의 몫.

끌려다니는 연애를
하지 않는 법

외로울 때 연애하지 마.

맞춰주는 연애하지 마.

자아 없는 연애하지 마.

퍼주는 연애하지 마.

누군가를 만나는 일은

언제나 행복한 기억이 되어야 해.

후회로 남을 것 같은 사랑은

처음부터 시작하지 않는 게 진리.

티 안 나게 상대방을 바꾸는 법①

Case1. 옷 못 입는 남자친구

특별한 날이 아닐 때도 핑계를 만들어서 옷을 사주기. 날이 좋아서, 날이 좋지 않아서, 날이 적당해서… 그냥 길 가다가 예쁜 양말이 보이면 하나 사주고, 가격이 부담스럽지 않은 티셔츠도 사주고, 가끔 생일이나 기념일에는 꽤 괜찮은 옷도 선물해주는 거야. 그러다 보면 어느새 조금씩 옷을 잘 입게 되거든.

단, 자기 취향이 확고한 사람에게는 먹히지 않는 방법이니 주의할 것.

티 안 나게 상대방을 바꾸는 법②

Case2. 입 냄새 나는 여자친구

구강 스프레이 사주기. 이때 여자친구가 기분 나빠하지 않도록 "이거 나도 갖고 다니면서 써보니까 좋더라. 너도 한번 써봐"라고 덧붙여야 돼. 직설적으로 이야기해봐야 상대방은 기분만 나빠지고 내가 힘든 부분이 해결되지는 않거든.

부끄러운 마음이 들어도 상대방이 진심으로 걱정해주는 마음을 느끼면 오히려 기댈 수 있는 마음이 더 커질 거야. 상대방의 단점을 바꾸고 싶어? 그때도 기준은 무조건 애정이야.

돈이 없어도 연애할 수 있을까?

아니, 연애도 현실이야.

10대, 20대 때는 돈이 없어도 사랑만 있으면 된다고 생각하잖아. 근데 한번 생각해봐. 만나서 밥 먹고, 카페 가고, 영화 한 편만 봐도 몇 만 원이 필요한데, 정말 돈이 안 중요할까?

내가 고등학생이었을 때, 여자친구를 사귄 적이 있어. 좋은 사람이어서 오랫동안 잘 만나고 싶었는데, 알바비를 받으면 생활비로 쓰고 부모님께 드리느라 쥐꼬리 만한 돈으로 데이트 비용을 썼거든. 그런데 한 번 데이트 비용을 쓰고 나면 그다음 만남이 너무 부담되더라고.

연애 초에 설레고 좋기만 해도 모자랄 시간에 '다음에 만나면 뭐 먹지, 비싼 건 먹으면 안 될 텐데. 영화는 꼭 봐야 할까? 노래방 가자고 하는 건 아닐까?' 이런 생각을 계속 하게 되는 거야. 너무 슬프지만, 이게 현실이더라.

그때 알았어. '돈이 없으면 내가 좋아하는 사람 옆에 있는 것조차 사치구나.' 아마 내가 열심히 돈을 벌어야겠다고 생각한 데에는 이런 이유도 있지 않았을까.

가끔 둘 다 학생이어서 도서관에서 데이트하고 학생회관에서 밥 먹고 캔커피만 마셔도 행복하다고 말하는 사람도 있어. 이런 연애도 충분히 아름답지. 그치만 내가 그런 사람인지는 스스로 잘 고민해봐.

사람은 늘 누군가와 비교하기 마련이야. 친구들은 기념일에 좋은 레스토랑에서 밥 먹고, 호캉스 가고, 근사한 선물을 받았다고 자랑하는데, 그런 걸 봐도 정말 아무렇지 않을 수 있을까? 연애를 위해 돈이 아주 많을 필요는 없지만, 최소한의 돈은 필요하다는 것 정도는 명심하고 있자.

서로에게 스며드는
연애

"밥 먹었어? 오늘 뭐 해?"보다는
"오늘 날이 춥대. 따뜻하게 입고 나가"라는
걱정 어린 인사말 보내기.

"지금 어디야? 왜 연락 안 해?"보다는
"친구들 재미있게 만나고 끝나면 연락해"라고
상대방의 시간을 존중해주기.

"우리 이번 주에 뭐 해?"보다는
"우리 여기 같이 갈까?"라고

늘 함께하는 시간을 기대한다고 전하기.

서서히 스며드는 시간을 만들어가는 것이 오랫동안 잔잔하게 연애하는 사람들의 공통점이더라.

연애할 때 친구들과 멀어지는 친구

가는 친구 잡지 말고, 오는 친구 막지 마. 그저 잊을 만하면 찾아오는 손님이라고 생각해.

어릴 때는 그런 친구들을 보면 관계의 우선순위가 명확해 보여서 섭섭했지만, 30대가 되고 나니 그런 것까지 신경 쓸 만큼 그 친구도 나에게 중요한 존재가 아니었더라고.

그리고 정말 중요한 것! 연애 끝내고 다시 친구들한테 돌아오면 얼마나 재미있는 에피소드가 많겠어. 오히려 언제 돌아올지 막 기대되지 않아?

마음을 말로 확인받고 싶을 때

열 번에 한 번 법칙을 기억하기.

연애를 막 시작하면 내가 '애정을 말로 표현하는 사람인지' 아니면 '애정을 행동으로 표현하는 사람인지' 먼저 생각해봐.

애정을 말로 표현하는 사람은 상대방이 나만큼 좋아한다고 말하지 않으면 애정이 없다고 느끼고, 애정을 행동으로 표현하는 사람은 최선을 다해 잘해주고 있는데 상대방이 사소한 일에 감정적으로 군다고 여기기 쉬워. 사실 둘 다 틀린 건 아닌데 말이지.

이럴 때는 서운함을 느끼는 사람이 상대방에게 표현

해달라고 말하는 수밖에 없어. 하지만 매번 말로 확인받으려고 하면 서로 피곤해지기만 할 뿐 나아지는 게 없잖아? 그러니까 꼭 '열 번에 한 번 법칙'을 기억하자.

상대방에게 말로 표현해달라고 부탁할 때는 다그치거나 화를 내지 말고 다음과 같이 말해보는 거야.

"네가 나를 충분히 사랑하고 배려해준다는 걸 너무 잘 알고 있어. 늘 고맙게 생각하고, 나도 그렇게 하려고 늘 애쓰고 있어. 그렇지만 열 번에 한 번 정도는 사랑한다, 좋아한다는 말을 듣고 싶을 때도 있어. 네 마음을 의심해서가 아니라 그게 내가 사랑을 가장 잘 느끼는 방법이기 때문이야."

이렇게 말했는데도 안 들어준다? 그러면 그땐 만남을 계속 이어가도 되는지 고민해봐.

사람마다 사랑을 가장 크게 느끼는 순간은 다르다고 해. 그건 스킨십일 수도, 선물일 수도, 언어일 수도 있어. 서로가 이해하는 과정을 거치는 게 건강한 연애라는 사실을 꼭 명심하기!

연인 사이에 '만약에' 금지

연인 사이에 절대 해서는 안 되는 말, '만약에'.

"만약에 내가 500만 원 빌려달라고 하면 어떻게 할 거야?", "만약에 내가 당일에 약속을 갑자기 취소하면 어떨 것 같아?", "만약에 내가 지금 다리가 부러지면 남산타워까지 업어줄 수 있어?"

사실은 내가 그랬어. 어느 날 친구들이 나에게 '너는 상대방을 극한으로 시험해보는 스타일'이라고 말했을 때 비로소 깨달았지. 내가 사랑받는다는 느낌을 받고 싶어서 상대방을 저울질한다는 걸.

'만약에'만큼 서로 피곤해지는 질문도 없는 것 같아.

연인이 돈을 빌려달라고 한다면?

중요한 것은 상황이 아니라 태도야.

만난 지 얼마 되지 않은 사람이 당연하다는 듯 돈을 빌려달라고 하면 거절하겠지. 마음도 식어서 계속 만날지 말지 고민하게 되지 않을까?

반면 10년을 만난 연인이 처음으로 겨우 입을 떼서 부탁한다면 필요한 돈보다도 더 빌려줄 수 있을 것 같다. 정말 곤란한 일이 생겼다는 뜻일 테니까.

아무리 사랑하더라도 무언가를 부탁하는 게 당연한 사람은 만나면 안 돼. 서로 마음과 시간과 자원을 공유하는 관계에서 믿음보다 더 중요한 가치는 없으니까.

연애보다 일이 우선인 사람

세상에 연애만큼 감정을 소모하는 일도 흔치 않아. '일하느라 연애할 시간이 없었다'는 말도 경험해보기 전까지는 핑계라고 생각하겠지만, 대학을 졸업하고 직장 생활을 시작하면 이 문제로 헤어지는 사람이 의외로 많거든.

나도 연애보다는 일이 중요한 사람이야. 내가 먼저 안정적으로 자리를 잡아야 다른 사람을 정서적으로 돌봐줄 여유도 생기니까. 일이 바쁠 때는 누군가를 만나도 그 관계가 길게 이어지지 않더라고. 더 깊은 관계가 되기 전에 나서서 정리하거나 자연스럽게 멀어지는 일이 많았어. 이런 게 전혀 아쉽지도 않았고.

그래서 내가 어떤 스타일인지 아는 게 중요한 것 같아. 일이 중요한 사람이라면 나처럼 일이 중요한 사람을 만나면 돼. 그럼 서로의 시간을 존중해주면서 가끔 보더라도 서로 만족하는 시간을 보낼 수 있거든.

반면 연애가 더 중요한 사람이라면 마찬가지로 연애가 우선순위인 사람을 만나야 돼. 일이 바빠서 상대방에게 소홀해지는 걸 결국은 견디지 못하니까.

그렇지만 둘 사이에 간극이 있더라도 애틋한 마음이 들 만큼 사랑하는 사람이면 이해의 폭이 넓어질 수 있어. 아무리 일이 중요해도 기다리는 사람에게 틈틈이 보내는 메시지, 연애가 더 중요해도 그 메시지에서 읽은 애정, 이런 게 관계를 든든히 받쳐주거든.

당연히 나와 같은 가치관을 가진 사람과 만나는 일이 더 쉽고 편하지. 나도 이런 만남을 선호하지만, 다르다고 해서 무조건 배척하진 않았으면 좋겠어. 어떤 사람이 찰떠기들의 가장 좋은 인연인지는 단순한 한마디 말로 정의 내릴 수 없으니까.

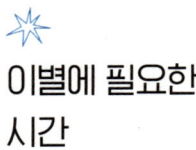
이별에 필요한 시간

혼자서 멜로 영화 한 편 뚝딱 찍고 나면

이별의 완성.

X의 인스타그램을
염탐해도 될까?

구질구질한 기분을 느끼고 싶으면 마음껏 봐.

친구가 헤어진 다음 인스타그램을 계속 들락날락하면서 "요즘 전 남친이 스토리를 너무 많이 올리는데, 왜 그러는 거야?"라고 묻더라. 그래서 "아무 의미 없어. 의도가 있다고 생각하는 건 네 망상이야"라고 말해줬거든. 그런데도 휴대폰을 손에서 놓지 못하면서도 결국 연락은 못 하더라고.

그러다 X의 새로운 여자친구 사진이 올라오면 기분이 어떻겠어? 나는 걔를 염탐하느라 일에도 집중 못하고, 새로운 연애도 시작하지 못했는데.

구질구질하고 구차한 기분 속에서 마음껏 허우적댔으면 이제 된 거야. 그건 다음 사랑을 시작할 수 있다는 첫 신호거든.

X에게 미련이 남았을 때 ①

"자니?"

"잘 지내?"

"뭐 해?"

"오랜만이지?"

마음의 앙금을 사라지게 하는 마법의 주문.

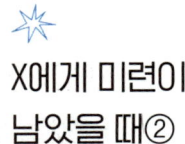

X에게 미련이
남았을 때 ②

현타 올 만큼 추해져야 드디어 확실한 끝이 보이는 거야. 연인과 헤어졌을 때 내가 가장 비추하는 행동은 혼자 끙끙 앓으면서 방구석에서 우는 거.

보고 싶은데 왜 보고 싶다는 말을 안 해?

붙잡고 싶은데 왜 다시 만나자는 말을 안 해?

잊을 수 없는데 왜 울기만 해?

그럼 그 사람 때문에 나중에 좋은 사람이 나타나도 새로운 시작을 못하게 돼.

20대 때는 차보기도 하고 차이기도 하고 붙잡아도 보고 울고 불면서 온갖 난리를 다 쳐봐. 그렇게 이불킥 경력

직이 되면 나중에 '이 사람이다' 싶은 좋은 인연이 나타났을 때 누구보다 행복하고 안정적인 연애를 할 수 있게 될 거야.

인생의 방향키는
내가 쥐고 있다

부럽지가 않아

20대 초반, 군대에서 첫 휴가를 나왔을 때 있었던 일이다. 당시 엄마가 암으로 투병 중이셔서 밖에 나가면 가족과 함께 좋은 시간을 많이 보내야겠다고 기대하며 나온 참이었다.

휴가 날, 집으로 가는 고속버스에서 전화 한 통을 받았다. 엄마였다. 아빠가 뇌졸중으로 쓰러져 병원에 실려 갔다는 것이다.

이게 대체 무슨 상황이지? 왜 늘 나한테만 이런 일이 생기는 거지? 도저히 이해할 수 없었다. 어려서부터 가난한 집안 형편에 대해 불평하지 않고, 늘 긍정적으로 생각하며 아등바등 살아왔는데…. 모든 게 꿈처럼 아득하게만 느껴져서 계단에 주저앉아 우는 것 말고는 달리 할 수 있는 일이 없었다. 마치 내가 막장 드라마의 주인공이 된 것만 같았다.

그리고, 그때가 처음이자 마지막이었다. 극한 상황에 몰려보자 그 감정에 매몰된 채로는 무엇도 해결되지 않는다는 사실을 절실히 깨달았다. 한바탕 울었으니 현실로 다시 돌아가야겠다는 생각이 들었다.

내 좌우명은 '남을 부러워하지 말자'다. 나보다 부자인 사람이 부러우면 나도 열심히 일해서 돈을 많이 벌면 된다. 나보다 몸이 좋은 사람이 부러우면 나도 열심히 운동해서 멋진 몸을 만들면 된다.

눈앞에 닥친 상황에 좌절하고 아무것도 할 수 없다고 손을 놓아봐야 불행해지는 것은 나 자신뿐이다. 만나는 사람마다 붙잡고 내 불행을 토로해봐야 곁에 있던 좋은 사람만 떠나갈 뿐이다. 지금의 부정적인 감정을 걷어내고 노력해서 바꿀 수 있는 일은 빠르게 바꿔야 한다.

그래서 나는 오늘도 이야기한다.

"부럽지가 않어!"

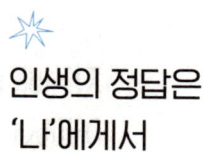

인생의 정답은
'나'에게서

수많은 인간관계 속에서

마침내 찾아낸 결론은

인생의 정답을

'내'가 가지고 있다는 것.

자기애 좀 넘치면
어때서

다른 사람한테 사랑한다고 말하기 전에 스스로에게 사랑한다고 많이 말해줘. 자기애가 없으면 그 누구도 나를 진심으로 사랑해주지 않아.

거울 속 내 모습이 통통 부어 있으면 뭐 어때. "나 오늘 진짜 괜찮다. 뭐든 잘할 것처럼 생겼다" 이렇게 말해주는 것만으로도 자신감이 붙는데. 수많은 자기계발서에서 아침마다 긍정 확언을 하라는 데는 다 이유가 있거든.

그러니까 내일 아침부터 한번 외쳐볼까?

"내가 세상에서 제일 예쁘다!"

"나는 뭐든 잘할 수 있는 사람이다!"

나에게 집중하는
시간의 중요성

쌉E여도 나 홀로 여행은 꼭 가볼 것.

친구들과 함께하는 여행, 물론 즐겁고 신나지. 근데 그렇게만 여행하다 보면 점점 내 취향을 잃게 돼. 특히 다른 사람에게 맞춰주는 성격이라면 더욱 더.

혼자 여행하면서 심심함도 느껴보고, 맛집에서 문전 박대 당해보기도 하고, 몇 시간이고 멍 때리면서 말 없이 바다도 보고, 그러다 보면 어느덧 '나는 누구, 여긴 어디'라는 생각이 떠오르거든.

현타가 온 거 아니냐고? 그보다는 정말 내가 좋아하는 게 무엇인지, 어떤 사람인지, 어느 장소에 있을 때 기분 전환이 되는지 서서히 알게 되는 과정이야.

다른 사람에게 향하던 레이더를 나의 내면으로 전환하는 시간은 다들 꼭 가져봤으면 하는 바람에서 건네는 다정한 잔소리!

결정 장애

결정 장애는
'책임지기 싫다'의 동의어.

무언가를
선택한다는 것

 사소한 선택도 내리지 못하고 갈팡질팡할 때, 다른 사람을 배려한다는 핑계는 그만 대자. 그냥 자존감이 낮은 것뿐이니까.

 자존감이 높으면 다른 사람 눈치 보면서 뭘 먹을지, 어디를 가야 할지 고민하지 않아. 일단 선택하고 좋으면 좋은 대로, 나쁘면 나쁜 대로 책임을 지면 되거든. 아쉬움도, 후회도 겪고 싶지 않아서 사소한 결정 하나 못하는 걸 다른 사람 배려한다는 말로 포장하면 얼마나 속이 좁아 보이겠어?

 그러니까 내 선택에 자신감 좀 갖자. 내가 고른 음식

이 다른 사람 입맛에 안 맞으면 어때. 내가 가자고 한 여행이 좀 재미없으면 어때. 그 데이터들이 쌓여 나라는 사람을 더 선명하게 만들어주는데, 그걸로 충분하잖아?

나를 사랑하는
사소한 방법

1. 저녁에 먹고 싶은 메뉴를 미리 생각해두기.
2. 가고 싶지 않은 약속을 잘 거절하고 나만의 시간을 갖기.
3. 아무리 바빠도 가끔 영화 한 편 보기.
4. 다른 사람 생각에 휘둘리지 않기.
5. 무엇이든 '나의 좋음'을 우선으로 생각하기.

자기 객관화가
된다는 것

스스로 대단한 사람이라고 착각하는 건 금지. 자존감과는 다른 이야기니까 오해해서는 안 돼!

우리는 매번 기준을 높게 설정하고 그걸 달성하지 못하면 좌절감과 후회에 휩싸여 자아 비판을 해. 왜 그래야 해? 높은 목표에 도달하지 못했다고 해서 낮은 목표에도 닿지 못하는 사람이 되는 건 아니잖아. 목표를 낮게 잡아서 성공하면 못난 사람일까? 그건 아니야.

누구는 이래서, 누구는 저래서 잘됐다는 이유를 들기 시작하면 이제 그때부터 꿈이 망가지는 거야. 메이크업 아티스트가 되고 싶다는 꿈을 가졌다면, 일단 백화점 직

원으로 취직해서라도 메이크업을 시작해보겠다는 마음 가짐이 필요하다는 거지.

내가 유튜브를 시작했을 때도 마찬가지였어. 구독자 5만? 10만? 이런 건 염두에 두지도 않았어. 내 첫 목표가 뭐였는지 알아? 구독자 2,000명을 달성해서 수익 창출하기. 그다음에 1만, 그러고 나서 5만이 목표였어.

지금도 마찬가지야. 21만 명의 구독자를 그대로 유지하기만 해도 잘했다. 조금만 욕심을 부린다면 25만 명만 달성하자. 100만 명? 당연히 되면 좋겠지만, 달성할 수 있다고 생각한 적은 진심으로 단 한 번도 없어.

그러니까 꿈을 너무 크게 갖지 말자. 꿈을 크게 꿔야 성공한다고 말하는 사람은 본인이 성공했기 때문에 인과관계를 거꾸로 보고 하는 소리야. 목표를 너무 먼 곳에 잡으면 그곳까지 가는 길을 못 찾고 헤매다가 오히려 엉뚱한 곳으로 갈 수도 있어.

목표는 짧고 간결하게. 조금만 노력해도 닿을 수 있는 곳으로 잡기.

일상이 행복하다는 증거

더 갖고 싶은 것이 없다.
새벽에 깨지 않고 푹 잔다.
여행을 가도 크게 감흥이 없다.
매일이 지루할 만큼 평온하다.

지금의 삶이 안정적이라는 증거들.

행복의 기준

꿈은 크게, 행복은 작게 갖기.

큰 집도 사고, 좋은 차도 사고, 명품 가방도 사고 그러면 행복이 물밀듯이 들어올 것 같잖아? 그런데 정말 치열하게 살면서 다 해보고 나니 그게 아니더라고(충격).

뛰어다녀도 될 만큼 넓은 집이 있으면 뭐 해. 뛰어다닐 시간이 없는데. 지구 끝까지 끌고 가도 안 멈출 외제차가 있으면 뭐 해. 한가하게 여행할 시간이 없는데.

큰돈을 벌겠다고 아등바등하기보다는 추운 겨울에는 붕어빵 한 봉지 사 와서 호호 불며 먹고, 더운 여름에는 에어컨 켜고 시원하게 수박이나 먹으면서 넷플릭스 보는 사소한 일상을 매일 누리는 것이 더 행복한 삶 아닐까?

일상에서 행복을 찾지 못하는 사람은 나에게 어떤 좋은 상황이 와도 행복을 발견하지 못하더라. 작은 행복은 잡을 수 있을 때 꽉 잡아야 해.

행복을 위해 필요한
최소한의 것

내가 정말 행복한 순간.

1. 가격을 보지 않고 배달 음식을 시킬 때.
2. 스타벅스에서 마시고 싶은 음료를 주문할 때.
3. 퇴근길에 편의점에 들러 간식을 사고 집에 와서 릴스를 보면 뒹굴거릴 때.

가까운 행복을 놓치면 멀리 있는 큰 행복으로 가는 길의 모든 순간이 불행해져.

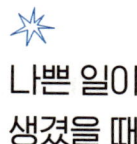

나쁜 일이
생겼을 때

나쁜 일에 대처하는 3단계.

Step1. 시원하게 "시발!"이라고 외치기.

Step2. 주변 사람에게 터놓고 이야기하기.

Step3. 상황을 있는 그대로 받아들이기.

Love Yourself

세상에 '나'보다 아껴줘야 하는 존재는 없어.

삶에 아름답게 반짝이는 순간만 가득하다고 말하는 사람이 있다면, 그 사람은 거짓말쟁이야.

나의 10대, 20대는 매 순간 치열하게 나와 인간관계, 일과 직업이라는 미로 속에서 길을 찾아가는 과정이었어. 어떻게 늘 맞는 길로만 갔겠어. 막다른 길에도 부딪히고, 왔던 길도 자주 되돌아갔지.

그런데 그 와중에 '난 너무 못났어'라고 생각하면 아무것도 되는 일이 없더라. 출구를 찾지 못해 걱정된다고 해서 바뀌는 건 없어. 앞으로 나아가야 하는 숙제는 여전히 남아 있으니까.

그래서 어느 순간부터는 주변 환경보다는 '나'를 더 먼저 생각하게 됐어. '나라는 사람을 좋아해주고, 예뻐해주면서, 어떤 상황에서도 즐겁고 행복하게 살자. 이기적이더라도 세상이 나를 중심으로 돌아가게 만들자.'

그래서 출구를 찾았냐고?

아니. 나도 고작 30대일 뿐이고, 어떤 분야에서 성공했다고 말하기에는 부족하지. 하지만 삶을 바라보는 태도는 조금 달라졌어.

게임 속 캐릭터는 엔딩을 보기 위해 존재하는 게 아니야. 게임을 플레이하는 순간을 즐기기 위해 존재하는 거지. 열심히 미션을 깨고 레벨업을 해서 최종 보스를 깼는데, 지금까지 게임을 한 모든 순간이 지치고 재미가 없었다면 무슨 의미가 있겠어?

앞으로 다가올 일들에 두려움이나 걱정이 앞서겠지만, 내가 무엇을 잘하는지, 어떻게 하면 조금 더 행복하게 살 수 있는지 고민하는 시간은 꼭 가졌으면 해.

매일 웃는 삶을 만드는
손쉬운 방법

웃으면서 살지,

웃지 않으면서 살지

선택하기.

자기 전에 거울을 보면서

세 번 미소를 짓는 것만으로도

나의 웃는 모습이 자연스러워지고

웃는 내가 당연해지고

웃는 삶이 가능해지더라.

내가 웃기로 한
사소한 이유

'나도 윗니 8개 보이면서 예쁘게 웃어보고 싶다.'

어느 날 넷플릭스에서 영화를 보는데, 너무 예쁜 배우가 등장한 거야. 웃을 때 주변이 화사해지고 원래 아는 배우였는데도 다른 사람 같아 보이더라고. 와, 나도 저렇게 예쁘게 웃으면 어떨까? 그런 생각이 들더라.

웃기지? 드라마 장면 하나 때문에 거울을 보면서 웃는 연습을 하게 됐다는 게.

회사 다닐 때의 나는 건조한 사람이었어. 얼굴에 표정이 없었어. 가끔 화장실 거울에서 바싹 마른 얼굴을 발견하면 나조차도 흠칫 놀랄 정도였어. 생기가 없는 얼굴이란 이런 거구나. 그 말뜻을 그제야 알겠더라고.

자기 전에 거울을 보면서 웃는 연습을 해보겠다고 결심했을 때, 내 삶이 크게 달라질 거라는 기대는 없었어. 회사 다닐 때처럼 퍼석한 사람으로 기억되기보다는 드라마 속 주인공처럼 웃음이 예쁜 사람으로 남으면 좋겠다는 생각 정도.

그런데 매일 웃는 연습을 하고, 유튜브에도 올리다 보니 알게 된 사실은, 생각보다 내가 되게 예쁘게 웃는 사람이었다는 거야. 늘 친구들과 웃고 떠드는 영상과는 또 다르게 거울로 보는 내 표정이 꽤나 신선했어.

그래서 인생이 행복하고 아름다워졌냐고? 아니. 그런 감정을 고작 매일 세 번 거울 보고 웃는 걸로 쉽게 얻을 수 있겠어? 그치만 나는 앞으로도 계속 웃는 연습을 할 거야. 적어도 웃으며 살기로 선택한 삶에서는 웃을 일이 더 많아질 테니까.

사람들이 의외로 모르는 행복의 진리

나에 대한 기대치를 적절하게 낮추면

더 행복하게 살 수 있다.

큰 욕심은 내려놓고

작은 욕심은 자주 부리고

매일 퀘스트 깨듯

그날 이룰 목표를 딱 하나씩만 정하면

1년에 달성하는 목표가 365개.

나는 작은 성공 수집가야.

스트레스를 줄이는
의외의 방법

잠들기 전에 내일 일찍 일어날 생각을 하지 마. 스스로를 부지런한 사람이라고 자꾸 포장하기 때문에 비극이 시작되는 거야.

하루에 딱 한 가지, 꼭 해야 하는 일만 하면 그 외에 주어진 잉여 시간에는 딴생각하면서 멍 때리기도 하고, 영화도 보고, 친구랑 술 한잔도 기울여야지.

직장인이라면 출퇴근만으로도 잘 해냈어.

학생이라면 출석만으로도 칭찬할 만해.

이것이 우리가 매일 하고 있지만 잘 모르고 있었던, 스트레스도 줄이고 자존감도 올리는 의외의 방법이야.

옳은 일에 대한
새로운 생각

 착한 일을 해서 착하다고 생각하는 건 착각이야. 불쌍한 사람을 도와줄 때 기준이 뭐야? 어떤 사람이 '불쌍한 사람'이지? '도와준다'의 기준은 어디까지야? 상대방이 먼저 도와달라고 이야기한 걸까?

 세상 모든 일에 '절대'라는 기준은 없어. 누군가를 도울 때도 오로지 자기 만족으로 하는 사람도 많고.

 그래서 **내가 생각하는 '옳음'은 다른 사람에게 내 생각을 강요하지 않는 거야.** 각자의 다름을 인정하고 그 안에서 상대방의 필요를 채워줄 수 있으면 충분해. 물론 도와달라고 내미는 손을 뿌리치는 건 나쁜 놈이지만.

일상을 환기시키는
나만의 방법

하루 동안 나와 정반대의 삶 살아보기.

부지런한 사람은 삼시세끼를 배달 시켜 먹으면서 하루 종일 뒹굴거리면서 지내기.

게으른 사람은 아침 일찍부터 밤 늦게까지 스케줄을 짜서 세상 부지런하게 살아보기.

운동을 좋아하는 사람은 딱 하루, 눈 딱 감고 운동 안 가보기.

늦잠을 안 자는 사람은 일부러 낮 12시까지 안 일어나고 침대에서 지내보기.

쇼핑에 돈을 아끼는 사람은 일정 금액을 정해서 하루

동안 그 돈을 다 써보기.

평소 안 하던 짓을 하다 보면 내가 모르던 의외의 모습을 발견하고 다시 돌아온 일상에서 더 넓어진 시야로 살 수 있게 될 거야.

부정적 감정이 삶을 뒤흔들 때

우울의 밑바닥, 기꺼이 받아들여.

살다 보면 내가 감정을 느끼는 게 아니라 감정이 나를 휘두른다는 기분이 들 때가 있어. 그럴 때는 삶이 송두리째 흔들리지. 모두가 아무 문제 없이 잘 사는 것 같고, 나만 불행한 것 같고, 이대로 인생이 끝날 것 같은 생각도 들지 몰라.

그런데 나는 그런 감정 기복이 문을 두드릴 때, 있는 힘껏 바닥으로 내려가서 온전히 그 기분을 느껴보면 좋겠어. 우울하면 마음껏 우울해하고, 슬프면 마음껏 슬퍼하고, 억울하면 마음껏 억울해하고, 화가 나면 마음껏

화를 내. 그러면 곧 다시 올라가고 싶다는 생각이 들기 마련이거든.

대신 한 가지만 기억하자. 올라올 타이밍이 되었을 때 밧줄을 던져줄 수 있는 사람들을 곁에 둘 것.

사람이 감정에 매몰되면 올라와야 할 때 그대로 머무르기도 하거든. 지하 50층까지 내려갔는데, 혼자서는 올라올 수 없을 만큼 지쳤다면 지금 내가 누구에게 손을 내밀 수 있는지 잘 살펴봐야 해.

나는 친구마다 털어놓는 고민이 달라. 어떤 친구에게는 연애를, 다른 친구에게는 인생을, 또 어떤 친구에게는 일에 대한 고민을 이야기해. 인생의 밑바닥에는 다시 용기를 내고 힘껏 발돋움할 수 있게 도와주는 구름판 같은 친구들이지.

그러다 보니 언젠가 다시 내가 기분에 휘둘리는 날이 오더라도 또 잘 이겨낼 수 있겠다는 생각이 들더라고. 꼭 친구가 아니더라도 괜찮아. 가족이든, 선배든, 지인이든 살면서 인생의 구름판 같은 사람은 몇 명 만들어두자.

인생이 허무할 때

아주 배가 불러가지고 헛소리하고 자빠졌네.

가끔 쇼핑도 지겹고, 여행도 재미없고, 콘텐츠 고민이 너무 스트레스가 될 때가 있어. 곰곰이 따져보면 분명 삶에 별문제는 없는데 말이지. 왜 그럴까.

이럴 때 사람한테 의존하면 인간관계 다 떨어져나가. 괜히 밖으로 돌면 지갑만 텅 비어. 그러니까 우울에 빠지지 않도록 너무 느리지도 않게 빠르지도 않게 일상을 유지하면서 궤도로 돌아오는 나를 기다려줘야 해.

방황 후에 언젠가는 다시 이 행복을 온전히 느낄 때가 돌아오니까. 우리 배부른 공허함에 지지 않기로 해.

묘비명

"잘 놀았다."

인생을 밸런스 있게 살아낸 스스로에게 보내는
최고의 찬사.

내 동생 같은
찰떠기들에게

난 너희가 '뇌 없이 맑음' 상태로 살면 좋겠어.

세상 모든 일에 관심 갖지는 말되,
관심 있는 일은 몰입해서 푹 빠져보고,
싫은 사람은 멀리하고,
좋은 사람은 곁에 두고,
다른 사람의 결과보다는 과정에 더 감동받고,
기쁘면 크게 기뻐하고,
슬프면 한없이 슬퍼하고,
행복은 널리널리 소문 내며

누구보다 행복하게
잘 살았으면 좋겠어.

이것만 기억하면
이 책에 나온 다른 얘기는 다 잊어버려도 돼.

이 책을 한마디로

생각 없는 사람들이
생각 없이 읽을 수 있는 책.

머리가 복잡할 때,
마치 쇼츠 한 편을 보듯
한 페이지를 읽고 나면
고개 한 번 끄덕이고
다시 일상을 살아가게 하는 책.
대단한 영감이나
훌륭한 메시지는 없어도

저 사람도 나랑 똑같다는
동질감을 줄 수 있는 책.

'생각보다 내가 꽤 괜찮은 사람이었잖아?'라고 느낄 수 있는 책. 우린 참 소중해.

어차피 내 인생, 망해도 멋있게

지옥에 첫 발을 내딛는 너에게 꼭 들려주고 싶은 150가지 진심

1판 1쇄 인쇄 2025년 7월 2일
1판 1쇄 발행 2025년 7월 23일

지은이 이현석
펴낸이 김영곤
펴낸곳 ㈜북이십일 21세기북스

인문기획팀 팀장 양으녕　**책임편집** 김주현
디자인 studio oddity
출판마케팅팀 남정한 나은경 한경화 권채영
영업팀 한충희 장철용 강경남 김도연
제작팀 이영민 권경민

출판등록 2000년 5월 6일 제406-2003-061호
주소 (10881) 경기도 파주시 회동길 201(문발동)
대표전화 031-955-2100　**팩스** 031-955-2151　**이메일** book21@book21.co.kr

(주)북이십일 경계를 허무는 콘텐츠 리더

21세기북스 채널에서 도서 정보와 다양한 영상자료, 이벤트를 만나세요!
페이스북 facebook.com/jiinpill21　　포스트 post.naver.com/21c_editors
인스타그램 instagram.com/jiinpill21　　홈페이지 www.book21.com
유튜브 youtube.com/book21pub

당신의 일상을 빛내줄 탐나는 탐구 생활 〈탐탐〉
21세기북스 채널에서 취미생활자들을 위한 유익한 정보를 만나보세요!

ISBN 979-11-7357-315-6 03800

- 책값은 뒤표지에 있습니다.
- 이 책 내용의 일부 또는 전부를 재사용하려면 반드시 (주)북이십일의 동의를 얻어야 합니다.
- 잘못 만들어진 책은 구입하신 서점에서 교환해드립니다.